陈应发
编著
张英豪

森林文化

黔东南

中国林业出版社

图书在版编目（CIP）数据

森林文化黔东南/ 陈应发，张英豪编著. -- 北京 ：中国林业出版社，2014.8
ISBN 978-7-5038-7626-4

Ⅰ. ①森… Ⅱ. ①陈… ②张… Ⅲ. ①森林-文化-黔东南苗族侗族自治州 Ⅳ. ①F326.277.32

中国版本图书馆 CIP 数据核字（2014）第 204661 号

出　版	中国林业出版社（100009　北京市西城区刘海胡同 7 号） 网址：lycb.forestry.gov.cn E-mail:forestbook@163.com　电话：(010)83222880
发　行	中国林业出版社
印　刷	北京中科印刷有限公司
版　次	2014 年 8 月第 1 版
印　次	2014 年 8 月第 1 次
开　本	170mm × 228mm　16 开
字　数	132 千字
印　张	11.5
印　数	1 ~ 3 500 册
定　价	48.00 元

《森林文化黔东南》

编 委 会

一座森林文化的壮丽鼓楼

——《森林文化黔东南》序

单洪根

黔东南，森林资源丰富，森林文化古朴，森林历史辉煌。然而，过去有关林业书籍，主要集中在森林资源、动植物种、森林旅游、林业产业等方面，且为专业的资料性书籍。关于森林文化及其理性的研究，凤毛麟角，偶尔零星的出现在各类书籍中。

黔东南，最后一块原生态的世外桃园，历来是一方天人合一的圣境，也是文人墨客纵情书写的净土。陈应发先生受国家林业局派遣，先后到黔东南黎平、丹寨和州林业局挂职林业扶贫，不仅积极主动地参与当地的经济社会建设，创造物质财富，而且充分发挥自己的专业特长，创新精神产品，为黔东南生态文化建设标新立异，添砖加瓦。在黎平创作出版了《哲理侗文化》。在丹寨写成了《蚩尤与丹寨》一书初稿。在州林业局，自己又亲自执笔，主创了《森林文化黔东南》，即将在中国林业出版社出版。张英豪，现就职国家林业局经济发展研究中心，曾在《绿色时报》《林业经济》等杂志发表诸多论文。此书不仅仅停留于黔东南森林资源的丰富性、动物资源的多样性以及森林旅游和林业产业上，而是把主要注意力集中在千百年来黔东南各族人民在经营森林、经营林业中所孕育的丰富多彩森林文化、林业文化以及它所隐涵的哲理上。使新作富有时空的广度，文化的深度，哲理的高度。

这不禁使我想起了陈先生安徽桐城的一位已故同乡大家，即著名的美学家、文艺理论家朱光潜1932年创作于莱茵河畔的《谈美》一书。其中第一篇就引了一个典型的案例，说一个木商、一个植物学家、一个文学家分别以实用的、科学的、美学的眼光审视同一棵古松。木商看到的是古松的实际用途和经济价值；植物学家看到的是古松的树根、树干、枝、叶、果实的自然属性；而文学家看到的则是古松的苍古遒劲、高大挺拔、气冲霄汉。通过三种人的不同认识，合起来就得到了对古松的比较全面而深刻的认识。大千世界是万物的、多元的、丰富多彩的。因此人们在记录、描述、认识、反映客观世界时总不能只用一种思维、一个角度、一种视野、一个层面去进行，而总要以多几种思维、多几种视野、多几个层面去展开，去实现自己的认知目标。《森林文化黔东南》的成功，其秘籍就在这里。

该书分上、中、下三篇，加上附录，约十三万字。在认识上，具有鲜明的实用性（也叫功利性）、文化性、哲理性。这也是观察、分析、研究、把握事物的三种视角、三个层面或者三种思维方式。

第一篇，森林资源，丰富多彩。主要从实用的角度描述黔东南古往今来的森林资源、植物资源、动物资源、林业产业、森林旅游、古今木质建筑的概况。浏览于字里行间，仿佛徜徉于苍茫无边的原始森林，古朴温馨的吊脚楼，高耸入云的鼓楼，还有供人歇息和年轻人行歌坐月的迷人花桥。黔东南的山山水水，村村寨寨，不愧是一个“人类疲惫心灵栖息的家园”。

第二篇，森林文化，神秘古朴。主要以人类文化的视野观照黔东南苗、侗两个主体民族千百年来经营森林、经营林业的社会生活中孕育的五彩斑斓的文化。黔东南苗侗先民是以树木、以森林为神灵、为图腾的民族。

在这里，人与树的关系，由人与物的关系，变成了人与神的关系，人与祖先树的关系。树木，犹如古希腊神话中的诸神，个个神通广大。在这种神人合一、天人合一的梦幻世界中，人与自然便得到了繁衍与延续。

第三篇，森林哲学，理性把握。主要从哲理的高度探索黔东南森林文化现象的本质，以实现从局部到整体，从感性到理性，从现象到本质的飞跃。首先，这是原生态的本能文化，从人的求生、性欲、畏死三大本能，分析生命树崇拜、祖先树崇拜、消灾树崇拜的形成过程。其次，这是原生态的思维心理，从人的范灵思维、幻象思维、互渗思维等三种原始思维心理，分析人与树之间的万物有灵、万物类我、万物合一的关系。再次，这是原生态的价值取向，从实用主义、拜物主义的角度，分析得出有用就是最崇拜的、最独特的就是最崇拜的规律。最后，这是原生态的宗教哲学，从森林哲学、自然哲学的角度，分析人与森林的本质关系。

随着这三个部分的渐次展开和不断升华，便在心幕中耸立起一座森林文化的壮美鼓楼。第一篇是鼓楼坚实的基础和雄伟的构架；第二篇是鼓楼精美的装饰，它雕梁画栋，附丽于苗侗独特多彩的森林文化；第三篇是鼓楼的宝鼎，它金碧辉煌，昂首蓝天，统领全局，蔚成一道骄人风景线。

这本书因其特有的科普性、可读性、资料性，不仅会得到专业人士的青睐，而且会为广大读者所喜闻乐见。这本书对黔东南，也是宣传推介的力作。我愿借此机会向社会各界热情推荐。

2014 年 4 月 1 日于凯里

目录

上篇

中　篇

下 篇

附　录

上篇

森林之州，世外桃园

流连黔东南，穿越几千秋。

黔东南，一个神秘古老的地方。苗侗人民在这里繁衍了千百年，日月穿梭变异，不变的是他们纯真的笑脸。这里有一个个古老的传说，这里有清水江的流水，这里有雷公山的苗岭。这是一个自然生态博物馆，原生态的文化让你感受千年。走进黔东南，你就进入了人类疲惫心灵栖息的家园。

黔东南，一个森林的王国。黔东南是全国重点林区，也是贵州省主要林区。这里沟壑纵横，林木葱茏，自然生态环境十分优美，享有“林海杉乡”的美誉。在这苍茫的林海中，生物资源种类繁多，有野生植物三千多种，动物近二千种，可谓是植物的世界、动物的天堂。黔东南，美在原始与多彩。

一位国人感叹说，或许是千百年来相对封闭的生活，随着岁月的流逝，苗侗人民和大自然越来越完美地融合在一起了。如今，无论你走到哪里，那苍莽无边的原始森林，那一座座温馨的吊脚楼，那高高耸立的鼓楼，还有那有着许多美丽故事的花桥，都会让你感到一种原始的、朴素的、和谐的美，仿佛融入《桃花源记》中描写的如人如仙、似神似佛，“不知有汉，无论魏晋”的境界。

雷公山，苗族膜拜的雷神居地（单洪根 摄）

第一章　森林王国，青山绿水赛江南

黔东南素有“林海杉乡”的美誉，自古以来都是中国南方林业主产区，是全国著名的重点林区，为新中国的建设与发展做出了突出的贡献，在黔东南的建设与发展过程中，林业也起到了举足轻重的作用。

一、青山绿水，刘基预言赛江南

黔东南主要位于苗岭山系区，境内峰峦起伏，江河纵横，山清水秀，景象万千。3 万多平方公里的疆域上，分布着 500 余座山峰，2900 多条河流。自然风光旖旎多姿，古迹胜景绚烂古朴。黔东南有清水江、舞阳河、都柳江三大主干流，以雷公山为分水岭，分别注入长江和珠江水系。

雷公山，苗族人民膜拜的雷神居住地。

雷公山，源自苗族人民的雷神信仰。民间相传，洪荒时代，“苗王”率部南迁，蜗居荒山野岭，其岭因名“苗岭”。苗岭主峰多雷电，苗人以为是雷公栖息之地，故称“雷公山”。地方志有载：“山有连天之高，是雷电之源，故名雷公山。”雷神是苗族人民心目中的主神之一，苗族将其称为“阿剖大耸”，意为“雷公公”。雷公神有七个兄弟、七个姐妹。在苗族人心中，雷神不仅司管雨水，还管人间的天理良心等事。

这是一片郁郁葱葱、生机盎然的土地，这是一片被绿色浸透的秀美山川，这是一片森林繁茂的茫茫林海，这是一片多姿多彩、美丽和谐的生态家园，这就是镶嵌在云贵高原上一颗美丽的绿宝石——中国贵州黔东南。

山清水秀风光好，风物宜人赛江南。

但是，由于黔道之难，这片美丽的世外桃园，外界知之甚少。古人云：“蜀道难，难于上青天。”其实，蜀道难，黔道更难。贵州地处高原，山高谷深，沟壑纵横，交通闭塞，曾有人形容贵州交通为“连峰际天，飞鸟不通”。

如今，在改革开放的大潮下，经过黔东南人民艰苦奋斗，几千年来制约黔东南经济社会发展的交通问题已经得到破解，黔道已不再艰难。“县县通高速、村村通油路”，黎平、凯里机场已经建成。几千年来“养在深闺人不识”的黔东南，终于露出了她美丽的面容。

明朝政治家刘基，字伯温，曾经留下这么一首诗：“江南千条水，云贵万重山，五百年后看，云贵赛江南。”刘伯温，真不愧是中国人民膜拜的“神仙”，他的预言又一次“显灵”了。

二、森林王国，国家和贵州省重点林区

黔东南，是全国 28 个重点林区之一。黔东南，也是贵州省主要

林区，全省10个林业重点县，即黎平、锦屏、天柱、从江、榕江、雷山、台江、剑河、三都、赤水10个县，黔东南就占了8个。

唐代诗人孟郊诗云："旧闻天下山，半在黔中青。"目前，黔东南林业占了贵州林业的1/3以上，可谓是"今闻贵州林，半在黔东南"。

黔东南境内自古林木葱茏、群山苍翠，直到新中国成立初期，全州森林覆盖率仍高达56%，活立木蓄积量1亿立方米，高于全国、全省平均水平。

青山也怕刀斧砍，绿水也怕山穷时。

黔东南曾长期作为国家重点工程用材的主要供应地之一，流经黔东南林区的清水江和都柳江两岸一度呈现全民伐木、满江放排的沸腾景象。20世纪80年代，黔东南财政收入有1/4来自林业及相关产业，是名副其实的木头财政。

全民伐木的结果，是森林面积锐减和生态质量下降。到1985年全州只有森林面积1212万亩，森林覆盖率26.67%，活立木蓄积量4789万立方米，为历史最低谷。森林王国变成了荒山王国。

工程造林成效好，森林覆盖近东洋。

20世纪80年代，流传在黔东南的一首民谣说："山高坡陡行路难，穷山恶水人难攀，荒山秃岭挖野菜，三里五里不见田，要想吃顿大米饭，扛材换米换油盐。"

1985年以后，先后实施了世界银行贷款造林项目、全省造林灭荒项目，到2000年，全州森林覆盖率恢复到49.37%。近年来，尤其是实施天然林资源保护工程、退耕还林工程等六大工程以来，林业发展呈现加速状态。

据贵州省2006年第三次森林二类调查结果，黔东南森林面积达2850.7万亩，活立木蓄积量达11084.7万立方米，森林覆盖率达62.78%。森林面积、活立木蓄积量、森林覆盖率，不但实现了三同步增长，而且均达到了新中国成立以来历史最高水平。经贵州省监测确定，2012 年，全州森林覆盖率达 63.44%，接近日本的森林覆盖率 66%。

三、生态屏障，长江、珠江的水源地

黔东南境内森林面积大，覆盖率高，以及独特的水文、地质、地貌环境，使黔东南形成了一座巨大的绿色天然水库，是境内清水江、都柳江、舞阳河流域水量的主要补给源，在维持黔东南地区生态平衡中起着决定性的作用。

两江一河，长江和珠江的水源地。

清水江，500 年辉煌的木商文化传奇。清水江，发源于黔东南麻江县与黔南都匀市、贵定县交界的斗篷山，流经黔东南的麻江、凯里、黄平、施秉、台江、剑河、锦屏、天柱八县（市），于天柱县翁洞镇下金子村入湖南沅江，再入洞庭，注入长江。清水江在黔东南境内全长 480 公里，天然落差 812 米。

都柳江，东方之珠香港的饮水之源。都柳江，发源于黔南独山县拉林乡磨石湾，经三都县入黔东南榕江、从江县，至广西境内，为珠江水系。都柳江在黔东南境内蜿蜒流行 150 公里。民国时期，贵州省长周西城从香港购进的贵州第一辆小汽车，就是溯都柳江运至三都，然后经陆路抬至贵阳。

清水江"娃娃鱼"，凯里舟溪（黄洪飞 摄）

都柳江，百里画廊（李瑞军供图）

舞阳河，漂流游憩的好地方。舞阳河，发源于贵州省翁安县都凹山，流经黔东南的黄平、施秉、镇远、岭巩和铜仁地区的玉屏，至湖南省黔阳县注入沅江，蜿蜒迂回400余公里，为长江水系。

两江一河，构建了两江流域的生态屏障。

黔东南地处以雷公山为主的苗岭山系，是长江、珠江的上游地区，是两江流域重要的生态屏障，是两江流域的水源涵养林区，对调节两江流域的水量、维护两江流域的生态安全和缓解两江流域中下游旱涝灾害均起到极其重要的作用。

特别是国家天然林资源保护工程实施以来，黔东南水土流失面积逐年减少，土壤侵蚀模数由工程前的每年每平方公里1265.4吨，下降到近年的473吨，全州各大小河流水流量逐年上升，过去洪水泛滥成灾的现象再也没有发生。

2009年经中国森林生态系统定位研究网络管理中心、中国林业科学研究院森林生态环境与保护研究所调查评估，黔东南森林生态系统服务功能的总价值为1011.58亿元／年，每公顷森林提供的价值平均为5.17万元／年。在7项森林生态系统服务功能价值的贡献中，涵养水源占38.8%；生物多样性保护占29.7%；固碳释氧占13.1%；保育土壤占9.1%；净化大气环境占7.4%；森林游憩占1.4%；积累营养物质占0.5%。

舞阳河，施秉杉木河漂流（黔东南州旅游局供图）

第二章　植物世界，珍稀物种资源丰富

黔东南境内气候温和，湿润多雨，适宜众多亚热带植物的生长，因而境内植物种类多，尤以森林植物为最。据有关资料统计，全州共有种子植物 189 科 785 属 2346 种，其中木本植物 117 科 418 属 1581 种，草本植物 86 科 367 属 761 种（《原生态黔东南》，2009）。

木本植物中，有乔木树种 824 种，灌木树种 761 种。木本植物中属国家一级保护的珍稀物种有 5 种：珙桐、伯乐树、红豆杉、南方红豆杉、异型玉叶金花。国家二级保护的树种有 39 种，如秃杉、篦子三尖杉、香樟、闽楠、格木、任豆、鹅掌楸、厚朴、圆叶玉兰、香木莲、峨眉含笑、观光木、普洱茶、榉树等。

一、秃杉，天然秃杉面积中国最大

秃杉，原属于国家一级保护树种，后调整为二级保护树种。秃杉，被称为裸子植物的活化石，为第三纪古热带植物区系孑遗植物，是世界古老而稀有的珍贵树种。该树种于 1904 年在我国台湾首次发现，目前只生长在缅甸及我国台湾、湖北、贵州和云南。

雷公山，秃杉片林（单洪根供图）

贵州发现的秃杉，多分布在苗岭山脉主峰雷公山一带的雷山、台江、剑河等地。雷公山天然秃杉集中成片的有 35 片，面积达 10 公顷，是我国目前仅存三个地方中面积最大、保存最多的一处。现建有雷公山国家级自然保护区。雷山县方祥乡格头村，有一棵秃杉王，胸围 7.6 米，直径 2.42 米，树龄 1000 多年，需 6 个人才能合抱。当地人崇拜秃杉王。

二、珙桐，仅存中国的“鸽子树”

珙桐，是一种古老的植物，据考证是第三世纪的孑遗植物，在第四世纪冰川南移时幸存下来，故又被称之为活化石。至今地球上仅此属一种，极为稀有。

珙桐这种珍稀树种仅在我国发现，极为罕见，为国家一级保护树种。目前在黔东南也发现有珙桐，实为稀有。珙桐开花景观独特，洁白的花朵开满全树，远远望去，很像落满枝头的和平鸽，振翅欲飞。珙桐因此也称为中国的“和平鸽”，用来象征和平。

三、红豆杉，含有特效抗癌良药紫杉醇

红豆杉，又紫杉、赤柏松，属第四世纪冰川遗留下来的古老树种，在地球上已有 250 万年以上的历史。特别值得一提的是，红豆杉含有特效抗癌良药紫杉醇，这种神奇的药物是目前世界上疗效最好的抗癌良药。

黔东南红豆杉，主要分布在雷公山、月亮山及从江翠里乡、黎平太平山、台江南宫乡、黄平朱家山、麻江老蛇冲，境内其他地方也有零星分布。锦屏县平略乡境内的一棵红豆杉，树高近 40 米，胸径超过 2.5 米，是黔东南现存最大的一棵红豆杉。

黎平，红豆杉栽培（曾攀 摄）

四、钟萼木，古老的单种科残遗植物

钟萼木，又称伯乐树，国家一级保护树种，为我国特有树种，零星分布于我国低山至中山地带。

钟萼木，在黔东南雷公山、月亮山、太阳山、弄相坡以及丹寨县泡木山、黎平县太平山、台江县南宫乡等地均有分布。台江县石灰河小路旁的一棵伯乐树，树高近 40 米，胸径约 1 米，是黔东南境内发现最大的一棵。

五、异形玉叶金花，仅存广西和黔东南

异形玉叶金花为国家一级保护树种，属濒危树种。异形玉叶金花属攀援灌木，常攀援在中下层乔木树干之上，在茂密的森林内或灌丛中都比较少见。异型玉叶金花是一种美丽的植物，每朵玉叶金花的花萼有 5 枚萼片，其中 1 枚萼片变形为白色叶片状，似玉叶，又名白纸扇。

异型玉叶金花，白纸扇
（黔东南州林业局供图）

1936 年在广西大瑶山首次采得标本，目前仅在广西大瑶山和黔东南境内寻到它的踪迹。在黎平太平山发现的异形玉叶金花具有一定的数量，极为珍贵。

六、鹅掌楸，抗大气污染的观赏树种

鹅掌楸，又名马褂木或双飘树，为国家二级保护野生植物。鹅掌楸分属木兰科，为古老的被子植物。第四纪冰川后，仅在我国南方和美国东南部有分布，成为孑遗植物。鹅掌楸对二氧化硫等抗性中等，观赏性好，可以在大气污染严重的道路栽培。

黎平鹅掌楸种子园（曾攀 摄）

黔东南境内的鹅掌楸，主要分布在黎平太平山、黄平上塘朱家山、剑河百里阔叶林、从江月亮山和雷山西江及黑水塘。

第三章 动物天堂，植物多样性的结果

黔东南气候温热多雨，草木繁盛，江河洞穴密集，适宜多种动物繁衍生息。郁郁葱葱的森林，良好的生态环境滋生和繁衍了许多野生动物。

据考察，全州共有脊椎动物 5 纲 31 目 104 科 557 种。属于国家一级保护的珍稀动物有 5 种，国家二级保护动物有 41 种（《原生态黔东南》，2009）。

其中：鸟纲有 13 目 37 科 217 种，占全省同类种数的 40.2%。国家一级保护的有白颈长尾雉 1 种，二级保护的有鸳鸯、红隼、秃鹫、领角鸮等 23 种。

哺良纲有 8 目 25 科 96 种，占全省同类种数的 41.79%。国家一类保护的动物有云豹、豹、华南虎、林麝 4 种；二级保护的有猕猴、穿山甲、豺、黑熊、水獭、大灵猫、斑羚等 14 种。

两栖纲有 2 目 9 科 45 种，占全省同类种数的 66.7%。其中国家二级保护的珍稀动物有大鲵、细痣螈、虎纹蛙三种。雷山髭蟾为雷山特有种。

鱼纲有 5 目 22 科 130 种，占全省同类种数的 55.9%。

爬行纲有 3 目 11 科 69 种，占全省同类种数的 63.6%。

一、画眉，苗乡侗寨几千年的斗画眉习俗

画眉属雀形目，鹟科画眉亚科。画眉是一种羽毛高雅，个头适中，外形美观，具有美妙歌喉，能唱善斗的产区留鸟，而不是候鸟。画眉是最受国内外养鸟人喜爱的名贵笼鸟，在我国鸟类出口中是最大的。

凯里苹果山，斗画眉比赛（黔东南州林业局供图）

黔东南大小画眉市场有 120 多个，同时上市的画眉总数达 5000 多只，多时达七八千只。凯里画眉市场全国有名，台湾、广东、福建、上海、浙江等画眉客常来这里选购画眉。黎平、天柱、剑河、三穗等县，民间素有赶场、赶坳斗画眉的习惯。

二、下司犬，世界第三名犬和“中华名猎”

下司犬，是世界第三名犬和“中华名猎”，有很强的捕猎能力，是远近闻名的良种猎狗，是集肉用、猎用、观赏于一体的多功能理想品种。2008 年 8 月 30 日的《农民日报》上称之为“国宝”，是一种宝贵的遗传资源。

下司犬产于麻江县东南部，因中心产区在下司镇，故历史上称之为下司犬。国民党陆军通校于 1938 年迁至麻江，军犬所设在下司玉阜阁，军犬与当地母狗杂交，便产生了中外闻名的下司犬。

三、林麝，分布在雷山、从江等地

林麝，别名獐子、香獐，属偶蹄目鹿科，现从国家二级提升为国家一级保护动物。林麝腹部阴茎开口前方有麝香腺，能分泌麝香。由于麝香在医药和香料工业上用途广泛，经济价值高，乱捕滥猎现象屡禁不止。

下司犬，世界第三名犬
（黔东南州林业局供图）

林麝在国外，仅分布于越南。国内分布于西藏、甘肃、陕西、山西、四川、湖北、湖南、广东、广西等地。黔东南州分布于雷山、从江等地。

四、大鲵，分布于阴河、岩洞的深水潭内

大鲵，别名娃娃鱼，分类上属有尾目、隐鳃鲵科，为国家二级保护动物。大鲵，两栖动物，生活在山谷的溪水中，叫的声音像婴儿啼哭，故俗称娃娃鱼。

大鲵，在黔东南黄平、凯里、剑河、雷山等地有分布，但由于过度捕捉，数量已很稀少。目前，除严禁捕捉外，还应积极开展人工饲养繁殖。

五、黑熊，雷公山自然保护区有分布

黑熊，别名狗熊、黑瞎子、猪熊，分类上属食肉目、熊科，是国家二级保护动物。黑熊属林栖兽类，多生活在常绿阔叶林中。在高山区，有垂直迁移现象，冬季往往下至低海拔处过冬。寒冷地区的黑熊，有冬眠现象。贵州黑熊，冬季有进入山洞避寒的情况。

目前，黑熊在贵州一些县还有分布，但生活区域都十分狭小，除梵净山、雷公山自然保护区内黑熊受到保护外，其余地区的黑熊处境危险。应采取措施，加强保护。

六、穿山甲，嗜食白蚁有益人类

穿山甲，别名鲮鲤、石鲮鱼，分类上属鳞甲目、穿山甲科，是国家二级保护动物。穿山甲是主要药用动物之一，且嗜食白蚁行为有益于人类。穿山甲能泅渡大河，亦能攀爬上树。若在灌丛或有躲避处遇敌时，往往能迅速逃走。在洞内发现外来威胁时，可迅速掘土逃遁，故名穿山甲。

黔东南许多地区，都有穿山甲分布，但数量日趋减少，当采取措施加以保护，严禁宾馆饭店食用穿山甲。

第四章　树种结构，特色的优势林业产业

东杉西松林分好，多种经营添辉煌。

黔东南森林资源，以杉松为主体，其中杉主要分布在“东八县”，松木主要分布在“西八县”，因此有“东杉西松”的说法。近年来，黔东南不断加大林业产业结构调整，麻江的蓝莓、黎平的茶叶、锦屏的山核桃、天柱的油茶、从江的椪柑、榕江的脐橙、施秉的中药材、台江的金秋梨、雷山的杨梅、岑巩的文旦柚等，均已粗具规模。

一、优质杉木，中国杉木中的王者

清水江杉木，杉木中的王者。

黔东南是全国（闽、浙、赣、湘、川、桂、黔）七个杉木中心产区之一，其中清水江上自台江、剑河，下至锦屏、天柱，中间横跨黎平，历来享有“杉木之乡”的美誉。清水江所产杉木，树干通直，尖削度小，结构均匀，不翘不裂，坚韧细密，自明代以后就享誉京城。清徐家干《苗疆见闻录》称：“苗疆木植，杉木为最，产于清水江南山者为最佳，质坚色紫，呼之曰油杉。”

湖南洪江，是明清时期清水江木材出沅水、入洞庭的木材集散地。《古韵洪江》一书称：“杉木产地分为苗木、州木、广木、溪木四大类。”其中苗木产于清水江苗侗地区，州木产于靖州一带，广木产于天柱与会同交界的广坪，溪木又称小河木，产于城步、绥宁等。书中还称，关于木材质量，民间素有“一苗、二州、三广、四溪”的说法。

武汉鹦鹉州，是中国当时最大的木材中心市场，也是明清时期清水江木材出洞庭、入长江的最终集散地。《武汉文史资料文库第三卷》“汉阳鹦鹉州竹木市场史话”一文写到：“西湖沅水溯流而上，直达洪江，抵于贵州苗河（即清水江），所产木材称为上江、中路、溪木等名，洪江上游有称州木、苗木者，以锦屏、天柱两地所产为

上乘，黄帮、江西帮均在锦屏建有会馆。”

外省资料，是清水江杉木王者的最好见证。

黔东南杉木确实是杉木中的王者。笔者曾经在黎平县工作过，与福建、湖南、安徽、江西等地的木材商打过交道，这些来自杉木产区的木材商均反映，黎平杉木与他们家乡相比，树干直，疤节少，木质白，纹理均，确是加工板材家俱的首选。

黔东南，贵州省杉木的中心产区。

根据贵州省地方标准《杉木二元立木材积表》（DB 52/T 702 – 2011）的规定，贵州杉木分为中心产区和一般产区两大类，杉木中心区，包括黔东南的黎平、从江、榕江、雷山、台江、剑河、锦屏、天柱等“东八县”，以及黔南的三都县，总计 9 个杉木生产力较高的县。杉木一般产区，指贵州省除上述 9 个县以外的其他杉木分布区域。

据 2006 年森林资源二类调查结果，目前，黔东南有杉木面积 696541.2 公顷，占全州森林面积的 38.36%，主要分布在包括黔东南的“东八县”，即榕江、从江、黎平、锦屏、天柱、雷山、台江和剑河等县，“西八县”的麻江、凯里、三穗、丹寨等县（市）也有少量分布。

锦屏春蕾林场，清水江杉木（李瑞军供图）

二、优质松木，贵州马尾松的中心产区

青松不嫌山地瘦，向阳山顶栽松茶（油茶）。

这是流行黔东南的两句谚语。松树对陆生环境适应性极强。它们可以忍受 -60℃的低温或 50℃的高温，能在裸露的矿质土壤、砂土、火山灰、钙质土、石灰岩土及由灰化土到红壤的各类土壤中生长，耐干旱、贫瘠，喜阳光，因此是著名的先锋树种。

马尾松是其松树中的常见树种，常绿乔木，分布广，是重要的用材树种，也是荒山造林的先锋树种。经济价值高，用途广，木材极耐水湿，有“水中千年松”之说，特别适用于水下工程。

黔东南，马尾松的中心产区。

根据贵州省地方标准《人工马尾松二元立木材积表》（DB52/T703 – 2011），马尾松产区分为中心产区和一般产区两大类，其中中心产区，是指贵州省锦屏、黎平、从江、榕江、雷山、台江、剑河、天柱等“东八县”，以及丹寨和黔南的三都县等 10 个人工马尾松生产力较高的县。一般产区指贵州省除上述 10 县以外的其他人工马尾松分布区域。

麻江，松木工业原料林（黔东南州林业局供图）

黔东南“东八县”，同为杉木和马尾松的中心产区，但马尾松等松木却主要分布在“西八县”，这是由于“东八县”自然条件较好，群众更喜欢杉木，而“西八县”自然条件相对较差，松木是最适宜的栽植树种。

据2006年森林资源二类调查结果，目前，黔东南有马尾松、国外松面积415496.73公顷，占全州森林面积的22.88%，主要分布在包括黔东南的“西八县”的麻江、凯里、黄平、三穗、丹寨、岑巩、镇远、施秉等县（市），“东八县”也有分布。

三、毛竹栽培，时代新宠的竹子产业

砍不完的清江竹，用不完的白花银。

这是流行在清水江的两句谚语。但传统竹子用途较窄，主要是竹编、竹筷、竹笋等，用量都不大。工业化大潮，拓宽了竹子用途。近年来，竹子的工业利用呈现出快速发展的势头，如制浆造纸、纤维拉丝、竹地板、竹模板等大宗工业利用，让竹子成为香饽饽。

锦屏茅坪，楠竹基地（李瑞军供图）

竹子生长快，成材早，一次栽植成功就永续利用，年年都有可观收益，是群众脱贫致富的小康竹。而且竹子枝叶茂盛，根系发达，竹鞭纵横交结，具有调节气候，涵养水源，保持水土，固土防冲，防风减灾等良好功能，对维持生态平衡，保护人类生存环境起到很好的作用。

竹子在黔东南分面很广，也许是用途太窄，也许是苗侗人民羞于经商的传统，竹子缺少科学经营。笔者曾在黎平县工作，群众没有经营竹子的意识，要用时就砍大的留小的，砍新的留老的，这样竹子就会越来越细，竹林就越来越差。

近年来，福建、江西等地企业，来黔东南建基地、搞加工，科学经营竹林，成效突出。群众看到了竹子的巨大价值，一股发展竹产业的热潮，在苗乡侗寨兴起。

据 2006 年森林资源二类调查结果，目前，黔东南有竹林面积 18638 公顷，10290 万株，占全州森林面积的 1.02%，其中楠竹面积、株数分别占总竹林的 81.91%、50.57%。黔东南竹子主要分布在榕江、从江、黎平、锦屏、天柱等县。

四、茶叶栽培，苗侗人民奔小康的希望

茶叶满山岗，农民奔小康。

黔东南茶产业，发展成效显著。纵观过去、现在与未来，作为全省茶叶大户的黔东南，近十来年间，基地规模发展迅猛，龙头加工快速提升，市场品牌风生水起，农民增收日益明显，整个产业走在全省前列树起标杆，成为黔茶不可或缺的重要板块。

人均一亩茶，户户奔小康。千百年来，苗侗人民都过着“开坎砌田，挖山栽杉”的生活，如今他们却惊奇的发现，种茶会带来生活方式的变革。人均一亩茶，精心管理，收入三千，生活有了信心，小康有了希望。

丹寨锌硒茶，采茶少女（唐千光 摄）

目前，黎平、雷山、丹寨的茶叶等均已粗具规模，雷公山银球茶、黎平雀舌茶、丹寨硒锌茶等品牌，先后多次获省级、部级和全国性茶展评比金奖。茶叶正成为县域经济的新亮点，成为山区群众增收致富的一条重要途径。

据2006年森林资源二类调查结果，黔东南有茶叶面积3149.27公顷，约4.72万亩。目前，根据黔东南州业务部门的数据，茶园面积发展到40.03万亩，平均每年以5万余亩的速度在递增。茶叶主要在黎平、雷山、丹寨、岑巩、黄平、镇远、台江等13个县种植。

五、油茶文化，传统产业焕发新春

油茶在我国有2000多年的栽培历史，主要分布在我国长江流域及以南的18个省份，其中又以贵州、湖南、江西和广西为集中栽培区。黔东南是油茶的最佳适生区之一，也是贵州油茶主产区，具有悠久的油茶经营历史和良好的生产基础，群众的生活、饮食习惯，也都与油茶密不可分。

杉木造好房，吃饭离不开土油茶。

黔东南苗侗人民有着悠久的油茶经营历史。苗侗人民喜欢吃土茶油，苗村侗寨后都有一片油茶林，那是土茶油的来源。人们都知道毛泽东喜欢吃辣椒，吃红烧肉，却很少有人知道毛泽东喜欢吃茶油。实际上，出生于韶山冲的毛泽东是吃茶油长大的。韶山冲至今尚有保存完好的成片成片的老油茶林。

土茶油营养丰富，数据显示，不饱和脂肪酸高达93%，饱和脂肪酸极低仅为9%，营养均衡，吃了不发胖。采用土法压榨的土茶油是零胆固醇、零防腐剂、零化学残留物，富含维生素E，可以说是天然的抗氧化剂。怪不得苗侗寨寿星多。

打油茶，侗族人民就好这一口。

打油茶亦称“吃豆茶”，是侗族传统待客食品，流行于湖南、贵州、广西等地。把糯米蒸熟晾干放进热茶油中炸成“米花”，备好其他副食。茶叶用茶油炒后，再加水煮成“油茶水”。过去，人们不仅早餐吃油茶，而且每顿饭前都要吃油茶。油茶是招待客人的传统食品。吃油茶只兴用一只筷子。客人吃了油茶不还筷子，表示还要再吃；

还了筷子，则表示多谢主人，不用再添了。

侗乡人独创的油茶，具有浓香、甘甜的美味，常饮能提神醒脑，治病补身。侗族老人喝不上油茶，责怪儿孙不孝。侗乡人外出串村走寨喝不上油茶，身子感到发痧一样不舒服，赶紧回家打油茶。与侗族人民杂居一起的苗、瑶、壮等民族，受这种习俗的影响，也喜爱喝油茶。

天生丽质难自弃，时代新宠绿色健康。

油茶是我国特有的四大木本食用油料树种之一，茶油是绿色保健型食用油，素有“东方的橄榄油”之称，但仅占食用油消费总量的1%~1.8%，茶油供应严重不足，因此发展油茶具有巨大的市场需求。

为了加快油茶产业发展，维护国家粮油安全，国务院办公厅出台了《关于促进油料生产发展的意见》（国办发[2007]59号），国家林业局编制了《全国油茶产业发展规划》（2008~2020），油茶产业迎来了新的发展机遇。

黔东南州委、州政府和州林业局高度重视油茶产业的发展，科学制定《黔东南州油茶产业发展规划》(2010~2020年)，力争到2020年，全州油茶林面积200万亩，其中新增油茶面积170万亩，低产林改造30万亩。

原贵州省省长林树森视察天柱油茶基地(李瑞军供图)

据2006年森林资源二类调查，全州已有进入结实期的油茶林39.59万亩，分布在10个县（市）114个乡（镇），主要分布在天柱、锦屏、黎平、榕江、从江等5县。到2013年年底，全州现有油茶林面积71万亩，油茶籽产量2万多吨，毛油6371吨。

六、蓝莓培育，后起之秀王者风范

蓝莓学名为越桔，属于杜鹃花科越橘属植物，果实呈蓝色，外批一层白色果粉，果肉细腻，果味酸甜。蓝莓果被世界卫生组织定位为“21 世纪首选十大健康食品之一”，其富含花青素、鞣花酸等多种微量元素，具有明目、抗癌、延缓衰老等功效。

麻江蓝莓，一个知识经济的传奇。

1999 年，黔东南麻江县率先开展蓝莓引种实验，2000 年春，麻江县从中国科学院南京植物研究所引进兔眼蓝浆果 6 个品种 100 株，在宣威镇光明村建立 10 亩母本园。2002 年建立了国内第一个科技示范园 100 亩，2003 年又种植了 100 亩，总规模达 200 亩，成为目前西南最大的蓝莓科技示范园。经过科研探索，全面掌握了蓝莓栽培技术，并闯出蓝莓规模化、产业化发展之路。

麻江宣威，蓝莓种子园（陈应发 摄）

蓝莓种植成效突出。蓝莓种植周期一般在三年，麻江县 1999 年开始种植，目前已初见成效。种植一亩蓝莓成本大概是 5000 元，三年后盛产，每年亩产蓝莓至少 1000 公斤，市场价格每公斤 60 元，一亩蓝莓总产值约 6 万元，除去成本，利润在 2 万 ~3 万元。

目前，麻江县种植蓝莓 5 万亩，挂果面积 2 万亩，来自浙江、江苏、北京等地投资商组建的蓝莓发展企业 27 家。同时，开展了有机认证、出口水果认证等工作，被国家有关部门授予“中国南方蓝莓繁育与栽培技术示范推广基地”“中国蓝莓产业科技创新十强县”和“全国第七批《农业标准化蓝莓栽培示范区》”称号，是贵州省首家获得国家有机产品认证的县。

黔东南，蓝莓产业强势启动。

为充分利用麻江县种植蓝莓的经验和成果，2011 年黔东南专门编制了《蓝莓产业发展规划》，依托麻江县 10 年蓝莓发展历程创造的先发优势，到 2015 年建设 20 万亩蓝莓基地，并形成蓝莓种植、加工、旅游等为一体的百亿级产业。届时，黔东南蓝莓产业将会超过茶产业，至少让数百万农民脱贫致富。

2011 年年底，通过公开招标，引进 8 家蓝莓育苗企业，分别在麻江、丹寨、凯里、雷山、台江、三穗和黎平 7 县（市）建立育苗基地，总建设面积 1225 亩，投入资金 1.4 亿元，到 2014 年，全州可育出苗木 1500 万株以上，可满足大规模蓝莓产业基地建设需求。

蓝莓是世界公认的加工链最长的精品水果，推进精深加工，延长产业链，提升产业覆盖面，从多方面带动农民增收致富。蓝莓休闲旅游价值也很大，创建蓝莓风情村寨，培育蓝莓观光采摘园，“春观花、夏采果、秋赏叶、冬品酒”，提升黔东南原生态旅游的档次和内涵。

麻江蓝莓基地，小康新希望（杨秀钟供图）

到 2013 年年底，黔东南有蓝莓面积 10 万多亩，种苗基地 8000 亩，每年能培育 1500 多万株苗木；有蓝莓企业 72 家（含合作社 7 家），其中种植 45 家，加工 5 家，种植加工 10 家，种植加工育 2 家，种植销售 1 家，种植育苗 3 家，育苗 5 家，种植观光旅游 1 家。另有种植大户 50 家。

第五章　世外桃园，原生态的化外生苗文化

黔东南，历史上一直是苗疆腹地，生苗的核心区，史被称为“化外之生苗”之地。与世隔绝的生活，形成了“文化孤岛”，其文化具有原生性、远古性、独特性等特征。

一、化外生苗，与世隔绝的苗疆腹地

明清两代文献对生苗区有比较明确的范围，主要是指黔东南少数民族地区。同时也包括鄂西、湘西、广西、云南等少部分地区。如林芊在《苗界 · 生苗界 · 苗疆》中说：“不惟称今天黔东南地区为苗疆，有时将鄂西、湘西和贵州东部地区都泛称苗疆。”可见，黔东南苗疆是重点。

清康熙二十七年（公元688年），贵州巡抚田雯在《黔书》说：“何为生苗？定番之谷蔺，兴隆、清平、偏桥之九股苗，都匀之紫姜、夭坝、九姓九名，镇远之黑苗、铜仁之红苗，黎平之阳洞、罗汉苗、侗人是也。”可见，丹寨夭坝司、镇远、黎平、剑河都名在其列。

贵州的生苗区，都集中在今天的黔东南清水江流域和以雷公山为中心的巴拉河流域的黑苗社会。清雍正大帝“改土归流”以前，这里几乎与世隔绝，与外界交往不多，被称为生苗之地。

化外生苗，“生苗中的生苗”也。

黔东南“化外生苗”，来源于正史文献的记载。乾隆七年《贵州通志》曰“古州、八寨，昔化外之生苗”。大意为今天的榕江和丹寨，昔为化外之生苗。

根据中国的语法，“化外之生苗”，也许“化外”与“生苗”是偏正结构的同义词强化，即“生苗中的生苗”之意。

二、改土归流，设立“新疆六厅”

明末清初，黔东苗疆仍然没有纳入国家版图，生苗之患成为清

政府西南地方一个严重的社会问题，因此，为拱卫边疆，消除隐患，必须将苗疆直接纳入朝廷的管理之下。

雍正四年（公元前 1726 年），云贵总督鄂尔泰建议取消土司世袭制度，设立府、厅、州、县，派遣有一定任期的流官进行管理。雍正帝对此甚为赞赏，令其悉心办理。从而拉开“改土归流”的大幕。

雍正六年（公元 1728 年），清庭授命贵州按察使张广泗在黔东南推行改土归流政策。鄂尔泰授以“八寨为都匀要隘，丹江、清江、古州之咽喉，梗化之渠魁，欲靖苗疆，宜从八寨始” 的“改土归流”方略。是年 6 月 9 日张广泗率清军分三路从都匀坝固、鸡贾河及三都普屯突袭八寨，但遭到了苗民的顽强抵抗，军事征剿整整花了半年时间，直到翌年十二月才征服，并设立了“八寨厅（丹寨）”。

之后，张广泗进军丹江，烧杀半年，设“丹江厅（雷山）”。1730 年，进军清江各苗寨，烧杀五个多月，设“清江厅（剑河）”。是年奔袭古州，剿杀一年零七个月，焚毁苗、侗寨四百五十余座后，设“古州厅（榕江）”。1732 年，张广泗进剿台拱，台拱苗族“编传木刻”联络高坡和上下九股苗族百余寨万余人于农历九月六日暴动，被增援清军镇压，设“台拱厅（台江）”。

在一个没有军队的土地上，清政府花了五年时间的武力征剿，总算开辟了“新的疆域”，加上位于榕江和三都之间的“都江厅”，史称之为“新疆六厅”。

“新疆六厅”设置，清水江流域腹心那雾霭茫茫的苗疆身影，终于在国家的版籍中渐次明朗地标识出来，完成了贵州最后一块苗疆的“王化”。至此，长期游离在朝廷之外黔东生苗区，正式纳入国家王朝体系的管理范围，初步达到改土归流的目标。

雍正大帝的“改土归流”政策，是针对整个西南地区的少数民族的。但从实施的结果看，增设的“新疆六厅”全都在黔东南（都江厅在黔南），可见黔东南苗区真是千古不化的生苗之地。

三、世外桃园，原生态的生苗文化

回归大自然，渴望原生态。原生态是一个新生的文化名词，最近广泛地流传在各种媒体之间。它可以定义为：没有被特殊雕琢，存在于民间原始的、散发着乡土气息的文化形态。从原生态的角度看，黔东南可谓是原生态的生苗文化。

名山大川，天然屏障，千古不化。

其实黔东南地势，就像翻过来的一口“大铁锅”，锅顶就是地势最高的雷公山，因此，雷山、丹寨、麻江等位于锅顶，历代中原势力很难触及到，是一个“万古不化”之地。

改土归流以后，设立了“新疆六厅”， 黔东南生苗区都纳入国家管理的版图。这是从政府层面的设计。但对广大苗侗人民来说，天高皇帝远，每县那一两个流官，很难管理大山深处的百姓。苗侗人民仍然过着原始氏族自治的生活，而朝庭命官往往还要借助自治组织的鼓社头、寨老的势力，来达到名义上的管理，这种现象一直延伸到民国时期。

可见，由于独特的地理位置，千百年来，黔东南人民，一直过着“自耕而食、自织而衣”的原生态生活，一个地道的“世外桃源”，被誉为“人类疲惫心灵的最后家园 ” 。

黎平县有个著名的景点叫皮林“过化”摩崖，明朝参将邓子龙在壁岩上刻下了两个特大的字“过化”，意为“所过之处，民皆向化”，企图把不公平的封建等级制，强加给这片世外桃园。

黎平皮林，过化石刻（朱卫平 摄）

丹寨得禄，天开草昧石刻（黄晓海 摄）

丹寨龙泉镇得禄村的大悬崖，有石刻“天开草昧”，清雍正六年，执行“改土归流”任务的清军，在此遇到苗民顽强抵抗，战争从6月打到12月，清军损失惨重。得禄村现在仍存有嘉庆皇帝御批的三位旗人的“将军坟”，都匀知府孙绍武闻讯胜利，特提“天开草昧”四个大字，意为天兵一到，愚昧顿开。

四、古木参天，穿越千秋的人间仙境

黔东南，一个原生态的自然博物馆。苗村侗寨都依山傍水，村前流水淙淙，村后树木葱茏，村中绿树掩映，古木参天，民风纯朴，风格各异，还有那美丽的鼓楼、花桥、吊脚楼，好一派原生态的世外桃园。

黔东南有许多独具魅力的民族村寨，村寨中古树名木繁多，如枫树、银杏、红豆杉、香樟、楠木等，有上百棵古树的村寨比比皆是，如文斗、郎德、南花、岜沙、瑶光、西江、木诏、空申、猫猫河、乌东、小丹江、摆贝等苗族村寨，以及肇兴、堂安、黄岗、三宝、小黄、占里、报京等侗寨。

文斗苗寨，千株古树名木见证环保。

锦屏文斗，中国环保第一村。锦屏县河口乡文斗村，放眼望去，只见木质吊脚楼掩映在古树翠竹中。青山、绿水、田园、林木融为一体，展现在人们面前的是一幅人与自然和谐相处的美丽画卷。文斗村寨门旁的一座“六禁碑”，更是令世人叹为观止，村寨周围生长着银杏、香樟、紫檀、楠木、红豆杉等古树名木近千株，树龄都在数百年以上。其中一株古银杏树树龄已有500多年，胸围达9米之多。

岑巩木召村，尚存古树千余株。

岑巩县大有乡木召村，该村许多寨子的房前屋后、路旁山头，到处生长着几百上千年的古树，座座山头丛林密布，绿意盈盈。该村老支书刘德榜介绍说：“全村古树繁多，随便都能数出上千棵，

文斗，木商文化活化石（杨胜屏 摄）

榕江，古榕翠绿（黔东南州旅游局供图）

千年古树也有几株。”在著名的中木召古城遗址的城墙石基上，生长着四五棵参天古树，其中一株银杏、一棵柏树、一棵硬壳榔，都需要 3~4 个成人才能合抱，村民说树龄均已超过千年（张维军，2010）。

榕江，千株古榕护三江。

榕江县因榕而名，县城三江交汇，两岸榕树千姿百态。古榕多奇景，这些百年乃至千年以上的榕树，盘根错节，堆碧涌翠，昂霄竦汉，奇异传神。据说榕江一共有 1842 棵古榕树。最大的古榕树群是在车江寨头寨，有清乾隆年间种植的护堤榕树 30 多株，加上古渡口边的碑和庙，有“古榕包碑”和“古榕吞庙”景点。

第六章　森林旅游，回归自然的生态游憩

黔东南地处千里苗疆腹地，境内山川秀美，森林密布，苗侗等少数民族民俗文化独具特色，是开展森林旅游、体验民族风情的理想之地，被世界乡土文化基金会评定为全球十个“返璞归真、回归自然”旅游首选目的地，被世界旅游组织评定为“旅游资源品味最高，且最为集中的地区”。

黔东南州从 2001 年开始建立森林公园，目前已建设 11 个森林公园，公园总面积 53047.61 公顷。其中 4 个国家级森林公园，5 个省级森林公园，1 个州级森林公园，1 个县级森林公园（王先扬，2011）。

一、4 个国家级森林公园，回归自然的首选

黔东南森林景观和人文景观资源丰富，经国家林业局批准，先后成立了 4 个国家级森林公园：雷公山国家森林公园、黎平国家森林公园、舞阳湖国家森林公园、台江国家森林公园。

雷公山国家森林公园，依托秃杉保护区。

雷公山，秃杉片林（李宁 摄）

雷公山自然保护区于1982年6月经贵州省人民政府批准建立，2001年6月经国务院批准晋升为国家级自然保护区，是国内第一个以秃杉林为主体的自然保护区，2002年12月经国家林业局批准，设立雷公山国家森林公园。雷公山国家森林公园，位于雷山、台江、剑河、榕江4县之间，有特级景点3个，一级景点28个，总面积47300公顷，森林覆盖率达83%。雷公山国家森林公园植物种类繁多，已鉴定的植物有1390种，分属273科679属，属中国特有的16属。珍稀植物除国家一级保护植物秃杉外，还有国家二级保护植物鹅掌楸、马尾树、钟萼木、十齿花、香果树、水青树、金佛山兰、福建柏等。

黎平国家森林公园，集科研观光旅游于一体。

黎平国家森林公园，2003年12月经国家林业局批准设立，位于黎平县境内，公园由东风林场、太平山和平甫侗寨三大景区组成，总面积5475公顷。公园境内有森林面积4800公顷，森林覆盖率87.67%。公园有神奇天生桥、飞龙洞、石山乔木林，贵州第二大面积连片竹林，古松环绕风俗独特的平甫侗寨。

舞阳湖国家森林公园，高原湖泊游憩区。

黄平旧州，舞阳湖（李瑞军供图）

舞阳湖国家森林公园，2004 年 12 月经国家林业局批准设立，位于黄平县境内，公园经营面积 21472 公顷，公园由马尾松人工林、马尾松种子园、舞阳湖风景区和旧州古镇等景区组成，是贵州高原上休闲游览、观光的好去处。舞阳湖水源头是朱家山原始森林，这里林木茂盛，植被涵养很好，是黔中地区亚热带森林生态系统保护较为完整、面积较大的唯一常绿阔叶林区。

台江国家森林公园，游憩漂流的好地方。

台江国家森林公园，于 2012 年 2 月经国家林业局审核批准，位于台江县南部，由红阳景区和南宫景区两大景区组成，公园规划面积6128公顷，森林覆盖率达85%，有植物674种，其中药用植物413种，观赏植物 261 种，野生动物有 178 种。森林公园内主要的自然人文景观有：翁密河漂流、红阳万亩草场、原始森林、独特的民族风情等。

二、5 个省级森林公园，返璞归真的家园

2000 年以来，经贵州省林业厅批准，黔东南先后成立了 5 个省级森林公园：丹寨龙泉山省级森林公园、锦屏春蕾省级森林公园、凯里罗汉山省级森林公园、麻江仙人桥省级森林公园、凯里石仙山省级森林公园。

龙泉山森林公园，蚩尤文化研究基地。

龙泉山森林公园，2001 年 7 月经贵州省林业厅批复设立，位于丹寨县境内，公园面积 1884 公顷，由龙泉山景区和猫鼻岭景区两部分组成。其中的龙泉山风景区以风景名胜为主，区内的龙泉山寺是丹寨县八大风景名胜景点之首，猫鼻岭风景区则以自然风景为主，区内沟谷纵深，高差几百米以上，上下坡气候差异大，自然植被丰富，野生动物种类丰富多样。

龙泉山，蚩尤文园（陈应发 摄）

春蕾林场森林公园，木商文化遗迹多多。

春蕾林场森林公园，于 2002 年 5 月经贵州省林业厅批准成立，位于锦屏县城东部，公园规划面积 12650 公倾，其中森林面积 11000 公倾，森林覆盖率达 87%，主要以用材林杉木、马尾松为主，约占 60%，阔叶林楠竹林为辅，约占 40%。公园由隆里古城片区、亮司片区、九南蚂蝗山片区和天龙山片区四个部分组成。

罗汉山森林公园，湖光山色相映生辉。

罗汉山森林公园，于 2003 年经省林业厅批准设立，该公园位于凯里市郊东边，距城中心 1 公里，因山形酷似睡罗汉而得名。罗汉山森林公园面积 79 公顷，森林覆盖率 90%。森林景观由柏木林和马尾松林组成，水体景观为园内的两个清水荡澜湖泊，人文景观有规模较大的新峰寺和基督教堂，每年有数万市民来此烧香拜佛。

仙人桥森林公园，原始森林水源保护区。

仙人桥森林公园，于 2004 年经贵州省林业厅批准设立，位于保护区境内。公园涉及麻江县坝芒乡和谷硐镇范围，总面积 9370 公顷。保护区既是清水江的主要发源地之一，又是重安江水系和麦溪水系的发源地之一，是麻江县保护得最好的森林。公园包含原始森林核心区、仙人桥景区和黄家冲千亩草场三大主要景区。

麻江仙人桥，麻江龙头岩古树（李瑞军供图）

石仙山森林公园，喀斯特山地景观。

石仙山森林公园，于 2005 年经贵州省林业厅批准成立，位于凯里市炉山镇西北 2.5 公里处，面积 554.9 公顷。公园面积 628 公顷，森林覆盖率达 70%。公园由三部分组成，即石仙山森林旅游区、巾帼科技示范园观光区、果园观光旅游区。石仙山是座喀斯特山地，山上有石林、溶洞和各种奇峰异石，景观奇特。石仙山自古以来就是重要的古营盘，驻有军队。自明朝以来，因顶峰三石挺立，远望犹如三仙漂游就有了“三仙石花”之美称，系“清平十景”之一。

三、1 个州级森林公园，凯里苹果山森林公园

苹果山森林公园，树木园景观树木多多。

凯里苹果山森林公园，是 2002 年在树木园的基础上建设的森林公园。该公园最早是州林业局苗木园，经过多年的培植、管护，园内树木成林，名贵树木众多，加之又在市区内，是市民休闲的好地方。

苹果山森林公园，斗鸟的天堂（陈应发 摄）

苹果山森林公园是养鸟斗鸟族的天堂。黔东南称为森林之州，山高谷深，盛产画眉，而且善战。苹果山的斗鸟甚为名气，凡遇大小节日都举行斗鸟比赛，有省内外的爱鸟族，更有港台地区的大老板参予。所以每次斗鸟都如一次 NBA 选秀，场面十分热闹。

四、1 个县级森林公园，雷山县丹江森林公园

丹江森林公园，苗岭风光甲天下。

雷山县在已建有雷公山国家森林公园的基础上，2011 年年末又在县城所在地丹江镇设立丹江县级森林公园。丹江镇地处雷公山西麓，境内地势东高西低，是一个融自然山水风光和苗族特色风情为一体的休闲宜居小镇。目前，雷山县已完成了《雷山县丹江森林公园规划》编制和审批，目前正在开展公园建设相关的前期工作。

第七章　木质建筑，森林文化的延伸和发展

鼓楼、花桥、吊脚楼，黔东南苗侗人民的标志性建筑。

当我们踏入黔东南的苗乡侗寨，仿佛回到了我们祖宗的年代，遍山的森林苍苍茫茫，一溜的吊脚楼依山傍水，壮观的鼓楼气宇轩昂，美丽的风雨桥牵衣待话……这是一个森林的王国，这是一个木质建筑的世界。

一、吊脚楼，杉木干栏式建筑文化

吊脚楼，源自树巢居的干栏式建筑。

肇兴吊脚楼，倒金字塔结构（陈应发 摄）

在中国历史上素有“北人穴居，南人巢居”之说。中国建筑分为南北两大系，南方从巢居发展为干栏式建筑，已发现的最早遗存是浙江余姚河姆渡遗址。

苗乡侗寨吊脚楼，正是古老干栏建筑工艺，在适应山区新环境下逐步完善的，能最大限度利用土地资源，拓展生存空间。其木材取自杉木，是杉木文化的体现。吊脚楼，苗侗建筑文化的载体，在民居建筑中，吊脚木楼有着悠久历史和独特地位，它是苗侗等少数民族安身立命、繁衍后代、延续民族历史的根基。

在黔东南，这种干栏式的吊脚楼一座挨一座，它们依据地形和个人的爱好而建，所以千姿百态、各具特色，有的像一座雄伟的宝塔，有的像一间轻灵的亭阁，有的像一座壮丽的宫殿，有的像一条优美的画廊。

二、鼓楼，可能是苗族鼓社文化的遗存

侗家的鼓楼，传说是仿照“杉树王”的样子建造的，是杉木崇拜的象征。也有传说鼓楼象征着男根，是男性的生殖崇拜的隐语。其实，这两种解说非常勉强，因为侗族先祖并不居住在盛产杉木之地，何来杉木崇拜；鼓楼也早于父系氏族社会，何来男根崇拜。鼓楼，可能还有更深远的宗教意义。

当我们踏进侗乡时，首先映入眼帘的是那高大挺拔的鼓楼，与侗寨中黑旧的吊脚楼形成了鲜明的对比。鼓楼顶层放有大鼓，边有木梯，由寨老或委派人专门管理鼓。许多人都奇怪，以前侗族人生活那么艰难，花巨资建这么一个鼓楼，难道仅仅是为了放鼓吗？难道侗家的鼓楼，就没有其他宗教意义。

从江鼓楼，议事之地（陈应发 摄）

也许，侗家鼓楼不仅有“放鼓应急”的本初功能，可能与苗族鼓社文化有关。在苗族，鼓代表了氏族制度，代表了首领鼓社头，代表了祖宗。只有站在民族最神圣的祖先神的高度，才能说明侗族人舍得花巨资建鼓楼，把鼓高高供起。这也说明，苗侗二族同宗同源。

苗族，世界最崇拜鼓的民族。

“国之大事，惟祀与戎”。祭祀与争夺土地，是维护部落首领及盟主权力的两件大事。而鼓就是祭祀与战争动员的工具，是每一个民族远古社会的圣物。但苗族远不足如此，“立鼓为社，破鼓分社”，苗族把鼓变成了氏族社会制度，这就是鼓社。世界上恐怕没有任何一个民族像苗族这样崇拜鼓。

鼓，是苗族的鼓社头和祖宗。

鼓在古代不是作为娱乐之物，而是战争的号角，祭祀的神器，一般都是由氏族首领鼓社头亲自掌管，是鼓社头的替身。因此，苗族人常说“同宗共鼓”“同支共鼓”。至今，在丹寨、雷山、台江等地一些村寨，有些老人还保存着木鼓，这木鼓是他们的祖宗，祖宗在鼓里，是不可敲打的圣物，只有过年祭祀时，才能敲打，以唤醒祖宗，出来享用祭品。

侗族族源，目前公认的是古越民族，越王勾践就是其中之一。苗学大师李国章认为，蚩尤九黎部落战败后，其南东迁徙的一支，加入了东夷部落，成为华夏联盟。后因对尧以天下让舜不服，叛走南下的一部分，春秋时，一部分成为吴国主体居民，是吴越民族的先祖（李国章，2012）。

侗族萨坛上必栽的祖母树黄杨，也透露出非同寻常。黄杨，当为温带中原树种，这就与苗族先祖活动区域相吻合。最有用的，就是最崇拜的。东南沿海优良树种太多，古越民族崇拜的树木不会是黄杨。

三、风雨桥，藏气纳福的风水桥

风雨桥，又称花桥、福桥、回龙桥，是侗族建筑艺术的一朵奇葩。风雨桥由巨大的石墩、木结构的桥身、长廓和亭阁组合而成。除石墩外，全部为木结构，不用一钉一铁，全用卯榫嵌合。桥的长廓两旁铺设长凳，供来往行人小憩。长廓两壁上端，用木板雕刻各种历史人物，或绘制神话故事，因而也称花桥。

风雨桥，藏气纳福的风水桥。侗族村寨都依山傍水，寨后山体为龙脉，前有河流，流水会带走福气，唯有建桥阻滞。因此，风雨桥还有“关住龙脉”“保住龙气”的作用，是护寨纳财的福桥。风雨桥还称回龙桥，来源于龙神救人的神话，反映出龙崇拜的思想（粟周榕，2011）。

地坪风雨桥，拦截风水（袁刚 摄）

风雨桥，也是沟通阴阳两界的“生命之桥”。侗民族古老的习俗认为，世上的每一个人，从阴间来到阳间，都要走过一座自己的生命桥，从阳间回到阴间，也要经过这座生命之桥，如果没有了这座生命之桥，人的灵魂就找不到回头路而无法安息（陈应发，2012）。

中篇

森林文化，神秘古朴

树木，古希腊神话中的诸神，个个神通广大。

森林曾经是人类文明的摇篮，树木不仅给人类祖先以庇护，而且还供给赖以生存的食物。于是，苗侗人民把树木神化，将它加以无限扩大，树木成了各路神仙，人们却膜拜在神的脚下。

苗侗人民的创造力是惊人的，一场伟大的造神运动拉开了序幕，树木是保护神，能帮人们驱神消灾，树木还是祖先神，会保佑子孙代代平安，树木也是生命之神，能让人们的生命之树常青，树木更是生殖之神，树下欢合成为“时尚”。

更滑稽的是，在这场神秘的造神运动中，苗侗人民迷失了自我，树木变成了他们的祖先，变成了民族和国家，而他们自己却变成了一棵树，这正是岜沙人说的，我本一棵树，生也一棵树，死也一棵树。

正如赵沛霖在《树木兴象的起源与社树崇拜》中所说：“在宗教观念的支配下，树木逐渐被神化，从而使作为自然存在的树木神圣起来，并具有了社会生活内容。……同时，人与树的关系，由人与物的关系，变为人与神的关系，并反映着一定历史条件下人们的关系，概括这一定历史条件下的某些社会内容，诸如祖先宗族、古国乡里以及福禄、国祚等等。”

锦屏，半坡那棵老红枫，那是蚩尤的化身（单洪根 摄）

第一章 枫树图腾，苗族先祖蚩尤血化木的膜拜

基督文明从圣诞树开始，苗族文化从枫香树开始。

枫树是苗族的图腾，苗族素有崇拜枫树的习俗。在苗乡苗地，在你还没有进走苗族村寨的时候，映入你眼帘的首先是那些高入云端的枫树。苗族村寨的枫树，绝不是一棵，而是一坡；满坡枫树绿荫下的地方，就是苗族美丽的家园。

苗族的历史，就像枫树一样，悠久而神秘。

一、枫木，蚩尤鲜血的幻化木

枫树是苗人自古以来崇拜的图腾树。人们把枫香树比作祖先，因为在古老的年代里，枫树是我们祖先的鲜血幻化出来的。

《山海经 · 大荒南经》说："有宋山者，有赤蛇，名曰育蛇。有木生山上，名曰枫木。枫木，蚩尤所弃其桎梏，是为枫木。"桎梏者，刑具也，锁脚的部分叫桎，锁手的部分叫梏。

《云籍七签》卷一百《轩辕本纪》说："黄帝杀蚩尤于黎山之丘，掷戒于大荒之中，宋山之上，后化为枫木之林。"神话中，蚩尤死后，其器械化成了枫树。何其壮烈！红枫，红红的枫木，红红的心，就是蚩尤的精魂。

湖南城步有祭"枫神"为病人驱除鬼役的习俗。装扮"枫神"者，头顶"铁三脚"（火塘支放鼎罐、铁锅煮饭菜之铁圈三脚架）、倒披蓑衣、脚穿铁钉鞋，手持一根上粗下细的木棒。这位令人敬畏的枫神即蚩尤。当源于"蚩尤所弃其桎梏是为枫林"的神话传说（翁家烈，2012）。

丹寨扬颂蚩尤祠，旁边有枫木（陈应发 摄）

二、枫木，苗族人民心中妈妈树

枫木、蝴蝶和水牛，苗族人民膜拜的祖先。

苗族先民的幻象力极其丰富。既然枫木是桎梏所变，是蚩尤鲜血所化，那他就是复活的蚩尤，就是圣物，就是图腾，他就注定了要与众不同。这样，更美丽更夸张的传说产生了，这就是枫树生蝴蝶的传说。

在各地的苗族神话，流传一个千篇一律的传说。苗族枫树创世崇拜中说：远古的时候，枫树心生妹榜妹留，即蝴蝶妈妈，枫树枝生出吉宇鸟，枫树根生出了铜鼓。蝴蝶生下十二蛋，孵育出了苗族的先祖姜央（即姜尤），以及龙、虎、象、蛇、水牛、蜈蚣等十二兄弟。

"苗族古今敬奉枫木"，枫木比喻成母亲。湘鄂川黔等地的苗族，称枫木为"道女密"，即"妈妈树"之意。贵州黔东南的苗族称枫木为"道莽"，也是"妈妈树"的意思（田玉隆，2012）。

蝴蝶妈妈水中游方，生下人类万物（陈应发 摄）

丹寨翻鼓节，跳祖宗木鼓（王钦平 摄）

枫木鼓，苗族人膜拜的祖宗。枫树是苗族人的祖先，用枫木制成的枫木鼓，就成了祖先的栖息鼓。传说姜央用枫木制成圆柱形木鼓，为祖宗鼓，是不能随便敲击的圣器，除非祭祖时唤醒祖灵来享用牺牲，完毕还要将其珍藏于山洞。

三、枫树崇拜，枫蚕枫液枫脂的使用

李国章认为：“枫树图腾崇拜还源于古代社会苗族先民纺织工艺对枫蚕纤维纺织和枫液染布的依存关系，是丝蚕纤维纺织和蜡染发展的先前阶段。”（李国章，2012）

枫蚕，是一种野生吐丝昆虫，也称天蚕、樟蚕。其丝可制成蚕肠线和优质钓鱼丝，故称渔丝蚕。枫蚕食叶的植物许多，主要有枫树、樟树、野蔷薇等。

枫液，即枫糖浆，是枫树的原汁经熬煮成的一种糖浆，呈半透明的琥珀色，似蜂蜜。吸入口中，清甜爽口，沁人心脾。加拿大每年都过枫液糖浆节，加拿大旅游专卖店也出售枫液。该节日是否来自中国苗族，有待考证。

枫汁染，神性的染色。枫树汁液带红色，苗族认为那是祖先的血，具有神力，用来染色布料，制成祭祀服和旗幡，就会具有神性。黔东南从江县岜沙寨的黑苗至今还保留着这种古老的染色技术。

枫脂，枫树上分泌的胶状液体。南朝梁元帝《金楼子·志怪》曰：“玉之精为白虎，金之精为车渠，枫脂千岁为琥珀。”下绕家人真的把枫脂变成了国宝。麻江县龙山乡河坝村是下绕家的居住地，是中国“枫脂染艺术之乡”，其蜡染图案偏好鸟类和蝴蝶。2008 年，其“枫脂染”工艺成功申报国家非物质文化遗产。

河坝下绕家，枫脂染（黔东南州旅游局供图）

关于枫树屋，李国章认为：“伏羲氏之前，有巢氏在大枫树上学鸟筑巢而居避毒蛇猛兽，以及在大枫树下搭棚避雨遮阴，与在树枝上筑巢而居的鸟类相伴为邻，并学鸟类啄食而发明使用筷子。伏羲氏以候鸟、蟒蛇为图腾，以枫树为姓。其后裔使用金属工具，伐木修建干栏式吊脚楼，既防兽又防潮。”（李国章，2012）

四、枫树图腾，也许是更遥远的自然神崇拜

枫树崇拜，也许比蚩尤时代、枫生蝴蝶传说更加遥远。

苗族的枫树崇拜也许比蚩尤时代更早。在苗族远古人类的生活中，也许曾受益于枫树，因而出现对枫树的崇敬，是最早的自然神崇拜。从上述枫蚕、枫液、枫脂、枫树屋等独特的用途来看，我们认为，这些可能是苗族枫树崇拜的根源。原始崇拜是有规律的，最有用的，就是最崇拜的。

有些学者对“蚩尤所弃桎梏是为枫木”等分析认为，远古时期黄帝与蚩尤大战，蚩尤被俘，黄帝用枫木做成“桎梏”囚束蚩尤。为什么黄帝要这么做呢？原来蚩尤是敬奉枫木的部落联盟首领，所以黄帝特意用枫木作“桎梏”囚束他，以达到辱其祖先、以示惩戒的效果。这说明苗族以枫木为图腾由来已久。

岜沙，祖先枫香树崇拜（陈应发 摄）

五、枫树，以祖先树为主的泛神崇拜

枫树，苗族人民心中万能的神。

枫树，苗族人民的创世之神。枫树，是苗族人民的祖先，当然也是人类的祖先，这就是苗族地区广泛流传的枫树生蝴蝶、蝴蝶生人类的神话，枫树也变成了创世之神、生命之树、生殖之树。

丹寨，枫树神林（单洪根 摄）

枫树，苗族人民的保护之神。枫树，是苗族人民的神先神，必然也是苗族的保护神，他们护寨守寨用枫树，他们向枫树祈祷，祈求保佑消灾，这样，枫树又变成了保寨树、保公树、消灾树等。苗族的重要仪式离不开枫树，建寨选址，要栽枫树试验，树活则人住，树死则人走；决定民族的重大决策，如起义、战争、迁徙等，也要栽枫树试验；祖宗鼓要用枫木制；保公树、护寨树最好选用枫树，并以护寨枫树的三块树皮代表祖宗灵魂；祭祖活动的牵牛杆、杀牛桩要用枫木制；架桥求子非枫即杉即竹（刘必强，2011）。

第二章　杉木崇拜，对杉木多种用途的崇拜

苗乡侗寨，一个杉木的世界，一个杉木的王国。

黔东南是全国有名的“杉木之乡”。这里人工栽培的“八年杉”“十八年杉”驰名全国。特别是侗族地区杉木成群，他们生儿子要栽几棵“寿木杉”，生女儿要栽“女儿杉”，结拜要栽“老庚杉”。总之，侗族是一个崇拜杉木，喜爱杉木的民族。

杉木崇拜，也广泛存在我国亚热带地区，如福建、江西、湖南、湖北、安徽等地，杉树木材具有不易变型、不易虫蛀、不易腐烂等特性，在几千年的农耕文明中，是建房、家俱、棺木等的最佳选择。

一、锦屏文书，五百年的“皇杉御木”文化

清水江地处苗疆腹地，也称苗河，两岸莽莽丛林，遮天蔽日，“栋梁宗桷之材，靡不具备”。世居清水两岸的苗侗人民，崇拜杉木，喜欢杉木，素有植杉造林的历史。有歌谣曰：“清江两岸杉木多，金银财宝藏山坡。进山时空箩一对，出山时金子一箩。”

从明正德九年（1514 年），工部因修缮乾清宫和坤宁宫，派员深入贵州锦屏采集“皇木”开始，一直到大清王朝退位，近 500 年来，以锦屏为中心的清水江流域，一直是“皇木”的征集地。明朝是按需要，不定期的派员征集“皇木”，而清朝则像纳皇粮一样，按年度征集。

朝庭征集的“钦工例木”，简称“皇木”，其主要种类有三：一是桅木，长六丈，头径四尺五寸；二是断木，长三丈二尺，头径三尺五寸；三是架木，长四丈八尺，围圆一尺六七寸。可见，桅木、断木，直径都在 1 米以上，多为几百年的巨杉，达到这种尺寸的楠木、樟木更少，因此，征集的“皇木”主要是杉木（单洪根，2008）。

仙女杉和“皇杉”，征集“皇木”的遗留。

黎平县大稼乡的高稼村，有 3 株护寨的“杉木王”，又称“仙女杉”，

黎平仙女杉，皇杉遗留（谭甫辉 摄）

锦屏文斗，皇木坳皇杉（单洪根 摄）

第 1 株树高 46.21 米，胸径 1.15 米；第 2 株树高 45.09 米，胸径 1.11 米；第 3 株树高 43.25 米，胸径 1.025 米。据老人说，这是采集“皇木”时遗留下来的。

锦屏县河口乡，在文斗苗寨有个叫“皇木坳”的地方，我们也能看到遗留下来的“皇杉”，也称“杉木王”，树高 35 米，胸径 1.6 米。

二、黎平阴沉木，三千年“杉木之乡”的明证

黎平阴沉木，是 1992 年 6 月在敖市镇欧家团村梨子土旁寨发现的。当时，杨胜美、杨胜华兄弟俩将挖出来的阴沉木制成了两副棺木。该阴沉树尚有部分深埋地底，黎平县人民政府又组织人力挖掘，截取的木材高 2.4 米，基径达 2.36 米，现存放在黎平县文物管理所内。

《辞海》解释：木材因地层变动而久埋于土中者，称为“阴沉木”，一般多为杉木，质坚耐久，旧时为制棺木的贵重木料。据《黎平府志》记载：“棺具有两种，一名阳贵，一名阴贵，阳贵者其木在土培养已经三五百年，条理坚劲，或红或黄，通体皆油；阴贵者，其木因山崩陷，或淹于土中，或藏于水底，经千百年之久，色变为黑，通体皆油，二者作棺皆入土不腐，为贵重之物也。”记载表明，黎平以前也发现过阴沉木。

黎平杉阴沉木，贵比黄金（姚吉宏供图）

据黎平县林业局有关专家探测，该阴沉木的年轮共有1400多圈，证明这棵阴沉木已有1400年的树龄。中国社会科学院考古研究所实验室，采用放射性碳素断代方法，测定出该阴沉木的埋藏年代已有3506~3676年的历史，加上1400多年的生长期，该阴沉木有5000多年的历史。

黎平县阴沉木的出土，不仅证明了素有“杉木之乡”称号的黎平县杉木生长年代久远，更重要的是在提供杉木起源、种源、生态考证及清水江、都柳江杉木地理特征的研究等方面，有着重要的研究价值。

三、女儿杉，姑娘们希望中的嫁妆

《中国民俗辞典》载：“‘十八杉’为苗侗等族生育风俗，流行于贵州东南部。‘十八杉’指婴儿出生后栽植培育的杉树林。一般由家人为孩子栽植一批杉树，有的地方种100株，有的地方全寨每人为孩子种一株。18年后，孩子成人，杉树成材，便可伐杉树建儿子的新房，或将杉木出售后用来置办女儿的嫁妆。”

“十八杉，十八杉，姑娘生下就栽它，姑娘长到十八岁，跟随姑娘到婆家。”这首流传于贵州苗侗地区的民谣，生动“唱出”了苗侗人民古老的世代相传、沿袭至今的种树传统。

因此，“十八杉”，也叫“女儿杉”和“姑娘杉”。“姑娘林”通常会选在地势平坦、土壤肥厚的地段，面积多则20余亩，少则约8亩，前几年杉木较小的时候还可以“林粮间作”，种些小米、玉米等作物。

四、寿木杉，连接生与死的林木

苗乡侗寨每家在村子周围的山里，都分有一片树林。苗侗人民盖房子、做棺材就全靠这些树木了。黔东南至今仍然实行土葬，“入土为安”是人生走到尽头以后的最后一件大事，因此，棺材被当地人尊称为“寿木”。

每个生命降临，苗侗父母就开始在自己的那片树林里，留意适合给孩子做寿木的树，树的根部要有一个三角的突起，以便将来做成棺材后，在头部形成一个天然的盖子。找到合适的树后，父母会在上面用镰刀刻上一个特殊的记号。这棵负有重要使命的寿木和孩子一起长大，直到孩子五六十岁，树也长到两个成年人合抱的程度，才会被砍伐回来，制成棺材成品。寿木杉，也有是新造的。

五、老庚杉，苗侗人民同甘共苦的结拜林

打老庚，就是跟自己同年庚的人认亲，所以又叫“结同年”。俗话讲，“除了同年无好亲”。在人们心目中，老庚比亲兄弟姐妹还亲。打老庚时，一般要互赠酒肉糖糕，栽老庚林。栽了老庚林后，还要精心管护，定期松土、施肥、驱虫等，因为老庚树生机勃勃，就是二人的友谊长青。如果二人关系出问题，就一同到老庚树交心谈心，和好如初。

遵义马蹄祭祀老庚树。

据说清康熙年间三月初三日，马蹄居水源组尹姓苗族与当地汉族赵姓祖辈相交成挚友，在天马山栽树结盟，互不欺凌，两姓世代友好。其后，每年此日，两姓后代上山杀猪宰鸡共祭老庚树，一直延续至今。

六、偷梁木，杉树大木崇拜与生殖崇拜的结果

侗家人对竖房建屋十分注重，有“生前一栋屋，死后一副木”之说。而在建屋过程中，又有许多奇特有趣的风俗，偷梁木便是其中最有趣的习俗之一。而用来做梁木的树很有讲究，大多为杉木。

偷梁木，杉树大木崇拜的结果。

侗族人民笃信，只有用当地最高大挺拔的杉木做房梁，才能保证家人平安、子孙满堂、六蓄兴旺。但最好的杉木可能长在别人家，商协购买都很麻烦。偷梁木习俗很好的解决了这一题，先偷用，后给红包补偿，既满足了杉木大木的信仰崇拜，又消除了民事纠纷。如此来说，侗族人民确实很聪明。

苗侗习俗，最大杉木做房梁（刘蓉蓉供图）

偷梁木，多子多孙的生殖崇拜。

偷梁木选择，还有强烈的生殖意象。偷梁木，不仅要选择大木，而且大木树蔸上还要长有小树，叫做“鸳鸯树”，砍鸳鸯树做梁木，取“好事成双，多子多孙”之意。传说中张三丰指点说：“你白天往东边的山坡上找一根杉木，这根杉木树蔸下要同蔸生有几颗小杉树，选中后，到午夜子时派四名青壮年带上斧头砍回。”

偷梁木借他人之木来做自家房屋的主梁，还有“添财进福”之涵，也有沾别人福气和运气之意。偷梁木的砍伐很有讲究，夜里砍伐，不能点灯，往上方倒，树不触地、渣不掉地等，否则会跑了灵气。

七、鼓楼节，杉木文化与杉木崇拜的结果

鼓楼，是杉木崇拜的结果。鼓楼，用杉木建造，仿照“杉树王”的造型。鼓楼不仅总体轮廓很像杉树造型，而且内部以古杉木为柱枋，凿榫衔接，再加假柱，层层支撑而上，宛如杉木的层层分枝，结构精巧，十分坚固，实在令人叹为观止。站在楼下仰望可以看到大大小小的

条木，横穿直套、纵横交错，结构异常严密。高大的鼓楼完全是用杉木制作的，全楼找不到一根铁钉。

黎平鼓楼节。

侗乡黎平每年 10 月初举行中国侗族鼓楼文化节。鼓楼是侗族人民建筑艺术的结晶，是世界建筑艺术的瑰宝，它不用一钉一铆，全凭侗族能工巧匠巧夺天工建成。黎平县拥有 30 多万侗族人口，是侗族鼓楼的发祥地，现存鼓楼 300 余座，其中位于县城以西 30 多公里的岩洞乡述洞村的独柱鼓楼，作为现存最早鼓楼被尊为鼓楼之宗，载入吉尼斯世界纪录。

黎平鼓楼，侗族大歌表演（杨志勋 摄）

第三章　社树崇拜，保佑苗村侗寨的祖宗树

社树，是栽植在祭祀土地神的社台上的树，是树木崇拜与土地崇拜结合的产物。作为社稷崇拜的产物，社有里社、乡社、县社、侯社、王社、国社等，社必植树，因此社树种类繁多，我们常说的护寨树、家族树、民族树、国家树、县树、市树等，也都可以列入社树的范畴。

这种宗教意义社树，世界各民族中都存在，我国佤族的沧源班洪地区每个村寨附近都有"神林"，被称为"龙木依吉"，即树木之神的意思。刚果的黑人崇拜一种名为"弥耳仑"神树，常把它栽在家族的旁边，似乎把它当作护家族的神。沿几内亚海岸几乎每村都有他们的护寨神树（赵沛霖，1984）。

一、社，栽有树木的祭台

社，最初是原始村落中，人们聚土成墩，围绕土墩，祭祀土地神。虽然后期演化众多的社，但社必植树。

《史记 · 孔子世家 · 索隐》云："古者二十五家为里，里各有社。"可见，在夏商周时代，里是最基层单位，里必置社，叫里社。

《礼记》云："王为群姓立社曰太社，王自为立社曰王社。诸侯为百姓立社曰国社，诸侯自为立社曰侯社。大夫以下，成群立社曰置社。"可见，社与行政设置相随，有里社、县社、国社、侯社、王社等。

社，就是筑起一个高高的祭台，台上栽树，此木便是社树。社祭之日，人们在社树下围坐，举行献祭仪式，祈求大地女神赐予丰收。

《尚书 · 无逸》曰："大社惟松，东社惟柏，南社惟梓，西社惟栗，北社为槐。"

《论语 · 八佾》曰："夏后氏以松，殷人以柏、周人以栗，曰使民战栗也。"

《墨子 · 明鬼》曰："昔者虞夏商周，三代之圣王，其始建国营都……必择木之修茂者，立以为丛社。"

天柱注溪春社节，吃长桌社饭（陈应发供图）

二、社树，民族国家的象征

社树，包含故国、乡里、福禄、国祚等意义。

社必植树，而且不同社所植树木不同。这样不同的社树，就代表了不同的民族国家。社树作为故国的象征，国亡社树亦受践踏而亡。《左传·襄公二十五年》曰：“陈侯会楚子伐郑，当陈隧者，井堙木刊，郑人怨之。”

《礼记·郊特牲》曰：“丧国之社屋之，不受天阳也。”污辱败国，建屋遮社树，不让见太阳。

《楚辞》卷四曰：“望长楸而太息兮，涕淫淫其若霰。”屈原在秦国侵略面前，被迫离开祖宗故国，望长楸（即梓树）而叹息。

社树与国家、民族、乡里的命运是息息相关的。《礼纬·斗威仪》：“吾乘火而王其政和平，梓为常生。”文中以梓树，象征国泰民安。

作为苗族的骄傲，“春秋五霸”“战国七雄”之一的楚国，为苗族后裔所建（范文澜，1961）。楚国的社树为橘，橘树跟着楚人走，如果绘一幅古代橘树分布图，它就是一幅楚国疆域图。

三、社树，父母宗亲的意象

社树，包含母亲、祖先、宗亲等意义。

《淮南子·说山训》曰："东家母死，其子哭之不哀。西家之子见之，归谓其母曰，社何爱速死？吾必悲哭社。"据高诱注："江淮谓母为社。"

《淮南子·说林训》曰："侮人之鬼者，过社而摇其枝。"鬼者，死去的宗亲也。枝者，社树也。

《毛诗陆疏广要·椅桐梓漆》曰："舍西树梓楸定，令子孙顺孝。"社树为母，正是社为祖先观念的演化。

社树的祖先意象，国内外皆有之。古代犹太人居住的地方有所谓圣树，人们称之为"父亲树"。黔东南苗族村寨前大都植有枫树，他们称之为"妈妈树"。而侗族村寨都建有萨坛，萨坛有一棵黄杨树，他们称之为祖母树。

四、鼓社，苗族原始的三权分立制度

鼓社，是苗族类似氏族社会的血缘组织。苗族古歌曰："姜央兴鼓社，全疆得共和。"鼓社体制主要内容通过鼓社节的活动表现出来。鼓社节的内容相当丰富，主要是立鼓为长官，鼓社头选举，送鼓祭鼓，以及各种庆典等。

苗族有民主议事的传统，这得益于苗族自己独特的鼓社制度。苗族的鼓社制度有三大支柱，就是"鼓社""议榔""理老"，"议榔"立法，"理老"司法，而"鼓社头"统管全局。这一套行政执法制度，统称"鼓社体制"，是一种原始的三权分立体制（李迁贵等，1981）。

黔东南地区长期处于原始氏族部落状态，历代封建王朝鞭长莫及，生活在这里的苗侗人民过着一种“有民无君”的氏族自治生活。苗族鼓社文化保存较好，形成了以寨老、理老、榔头、鼓藏头、活路头、巫师等各负其责的鼓社体制，这种社会结构的主要特征一直延续存在到民国时期。

五、苗族社树，百苗膜拜的枫树也

立枫为社，立枫建寨，苗族几千年的社树习俗。

苗族自古就图腾枫树，崇拜枫树是苗族特有的习俗。这种习俗实际上源自社树的图腾，进而演化成对祖先神的膜拜，对民族神崇拜。苗族的村前寨后都有枫香树，苗族人称之为“妈妈树”，其中居住着祖先的灵魂，日夜保护苗族村寨。

苗族人民在长期迁徙过程中，每迁徙到一处，面临的重大课题，就是建立鼓社和村寨。每当立社建寨时，必先种枫树，并坚守“枫树先行”的原则：“枫树活立社建寨，枫树死而人迁徙！”迄今，凡苗族村寨，皆有枫树护佑。

黔东南苗族仍然保留着栽植枫树占卜屋基的吉凶祸福的习俗，也有就地取材，用杉树、竹子等占卜屋基的吉凶的。这种占卜方式

台江，护寨枫树（龚校军 摄）

不止于占卜屋基、寨基、坟地，还用于在重大历史关头，占卜群体命运。

天下第一苗寨，西江千户苗寨的寨头寨尾、坡头坡脚，都种植了成片的枫树林作为护寨树，成为当地重要的自然景观之一。

六、侗族社树，神圣的萨姆树黄杨也

黄杨，侗族祖母神的意象。

至高无尚的萨神，侗族人民的精神家园。萨文化是侗文化的核心和灵魂，侗家人的所有生产生活，都围绕着对萨神崇拜来展开的。侗族人民素有“未建寨门，先设萨堂；未建房屋，先建鼓楼”的习俗。

侗族萨坛，用鹅卵石砌成约 1 米高，直径约 3 米的圆形土台。圆丘内安放一口新铁锅，锅内放置一把蒲扇、三双草鞋，碗、碟、杯、银首饰和纺织工具等，再用一口稍大的新铁锅覆盖，最后用泥土堆成圆丘。丘顶中央栽一棵黄杨，并插上一把半开的纸伞。黄杨喻意祖母神萨姆，伞为之遮风避雨，锅内为神之用品。

侗族萨坛必有一棵常青的黄杨树，这是萨玛的化身，是吉祥的圣物。有些村寨萨坛上的黄杨都是百年的老树（粟周榕，2011）。

侗族村寨都建有萨坛，许多萨坛因纸伞更换跟不上，粗看萨坛只是一棵黄杨一堆土，而代表着侗民祖母神萨姆的黄杨则格外显目。笔者第一次在黎平肇兴见到的就是这样的萨堂，一开始不知道那是什么，后来才知道那就是萨堂。没有宏伟的庙宇，也没有高大的萨像，侗族人民也太亏待他们的祖母神了吧。这说明以母系崇拜为特征的萨神崇拜光环，逐步让位于以父系崇拜为特征的鼓楼崇拜。

流芳萨坛，黄杨萨神象征（陈应发 摄）

第四章　古树崇拜，祈求古树神仙的保佑

家家有保爷树，村村有保寨树。

苗族侗族聚居地区，都盛行古树崇拜，视古树为护身符，古树崇拜在群众生活中占有重要角色。除对祖先树枫木、黄杨顶礼膜拜外，对其他古树也崇拜至极，如保爷树、保寨树、神仙树、许愿树等，寻求一种精神上的解脱，情感上寄托。

一、保爷树，变古树为人们的护身符

苗侗族地区，人们认为古树特别是枝繁叶茂的古树具有驱灾辟邪的神奇作用，于是通过拜祭、认养等仪式，让孩子或大人与古树建立一种寄身关系，从而使古树成为人们健康成长的护身符，一生平安的保护神。

在苗寨，若夫妇不良、小孩常病等，则请巫师通过巫事认养一棵树，与树建立“寄身关系”。一般是路边的古树，并在古树下做一个长木凳，以方便古树大仙休息和乘凉，以求神灵保佑，祈求幸福平安。这种拜树寄身习俗，实际上是民间“过房”“寄养”之类的习俗与树木崇拜结合的产物。因此，寄身树，也称寄养树、结拜树、保爷树、父子树等。

侗族地区，也盛行保爷树，民间巫师认为孩子年幼，“命根浅”或者“有条命根尚未着地”，要寄养给古树大木，以祈求孩子的命根子像古树根一样扎得又深又牢。孩子则要称古树大木为“树保爷”“树保公”，逢年过节，要带上鸡鸭鱼肉，到树下烧香化纸，祭祀树公。

保爷树，保佑儿童的干爹树。

黔东南苗侗人民盛行拜保爷树，只要家里有小孩，无论有病没病的，都要拜古树为保爷树。如雷山格头村的一棵大秃杉树，有 30 位小孩拜之为保爷树，村口的木桥，有 25 位小孩拜之为保爷桥；台江交下村口的古树，有 30~40 位小孩拜之为保爷树（杨从明，2009）。

格头秃杉王，生命保公树（龚校军供图）

锦屏钟灵乡高坪小学门口，有一棵古老的枫树，逢年过节，很多村民都来拜祭这棵枫树，希望人们能像古树一样千年安康。当寨中孩子生病或者爱哭闹时，孩子父母就会来拜祭古枫树为“保公”，在树上挂上一些斗笠、竹箩之类的吉祥物，以求早日康复（胡卫东等，2011）。

台江县南宫乡汪江村记刀寨，有拜树为父的习俗。如果鬼师推测孩子命不好，就要用公鸡一只，拜祭古树，认树木为第二父母，保佑孩子健康成长。在认树为父期间，每年农历 2 月 2 日祭桥节这天，要去拜祭古树。当拜祭完三年以后，可以拿一只鸭去解除孩子与树的父子关系，也有终身不解除关系，终身祭拜的（胡卫东等，2011）。

施秉城关镇东门村，有认树为干爹习俗。该村孩子出生后，就要认树为孩子干爹，也有称树为“保爷”的。认树为干爹后，还要在家里放一个“树爹”的牌位，逢年过节，以鸡鸭鱼蛋拜祭，常年香火不断（胡卫东等，2011）。

广西壮族民间流行寄身树习惯，不管大人小孩，都要把村边路旁的一棵或几棵榕树、木棉树作为家族或个人的寄身树，认为这两

卡拉，立了板凳的保公树（陈应发 摄）

种树有灵性，有福气，可以保护家族和本人的平安，视为家庭和个人的护身符。寄身树不准砍伐。

浙江临安县汉族群众，至今仍广泛流行拜“树干爹”“树干娘”的风习。一般是先备祭品供奉古树，再报上子女姓名及出生年月“寄拜树名大王座前”字样的木牌，挂贴在古树上，再拉过小孩拜上三拜，口呼“姆妈娘姆”即算祭拜完毕。一般在寄拜古树名木作“干爹”“干妈”之后，子女及其家庭不但要视大树为亲戚，逢年过节前往祭拜，平时还要为大树护理。

保爷树，往往演化成了家庭树、家族树。人们往往把父亲、祖父等的寄身树作为一个家庭或家族的保护神。雷山县郎德寨的后山路边，吴氏家族有一株家族树，是株同根异体的杉树，共有四棵，吴氏家族在树下弄了木凳，据说是吴氏祖上由于结婚多年后没有儿女，而认养树后，育有三男二女，因此，吴氏认为该树群为吴氏的保护神。

二、保寨树，变古树为村寨的保护神

家家有祭坛，村村有保寨树。

黔东南的苗乡侗寨，不时会看见一株或几株高大茂密的古树，这些大树就是被当地乡亲们视为吉祥如意的“保寨树”。保寨树除苗族的妈妈树枫香、侗族的祖母树黄杨外，也可以是银杏、柏树、杉木、红豆杉等古老长寿的树种，一般是村寨中最高最大最老的古树，且树龄都在百年甚至千年以上。

凡是被视为保寨树的树木，一概不能砍伐，甚至枯枝败叶也不能扛回家烧。倘是有稚童犯忌，家人必须以酒鱼祭树，虔诚为其“赎罪”。寨民们认为，保寨树是祖宗树，是神仙树，能保护一方平安，是村寨的保护神。这种古朴的环保意识，即便在当代经济社会里也没有动摇，更没有受到野蛮的践踏。

榕江三宝，护寨树下庆典（黔东南州旅游局供图）

黄平的寨门树。黄平县野洞河乡新华村有一个叫门洞的村寨，之所以叫这个名字，是因为村头有两株百年古树，看起来像天然的“寨门洞”，是村民们的守寨神树。这两株百年古树，高30米左右，胸围约3米大小，两者连在一起，就像两名站在村边的“哨兵”。当地村民说，村头的这两株古树，上方的是枫树，下方枯萎的叫不出名字，两株古树的树龄相当，在200年以上。

台江倒栽的保寨枫树。台江台盘乡的平水村，有一棵颇有传奇色彩的枫香树——倒栽树，它被公认为苗乡“树魂”。相传这棵树是咸丰初年苗族起义领袖张秀眉亲手倒栽所成。此树现高17米，宽6米余，条条枝叶下垂，形同巨伞覆地。每逢苗节，苗族同胞便群聚树下，吹笙踩堂，虔诚祭祀，场面肃穆，令人感动。

城中苗寨保寨龙树。麻江县宣威镇城中苗寨的小坡上，长有一棵古老的“保寨树”。这棵树的叶子形如杏核，树皮如倒生的鳞片，且开口朝下，非常罕见。当地人惯称“倒鳞树”“龙鳞树”。听当地人介绍，“倒鳞树”木质无比坚硬，是树中之王。

三、神仙树，祈福消灾保平安的古树

祭拜树神，祈福消灾，苗侗人民的精神寄托。

在苗乡侗寨，有一些参天古树，远看披红挂绿十分壮观，近看神台香炉香火燎绕，拜祭人群接连不断，这就是人民祭拜的神仙树。逢年过节，烧香拜树，祈求保佑，就是多一道保险，心里踏实。

神仙树崇拜，大多处在自然树崇拜的初阶级段。但少数地方按祭拜的目标，又分化出求寿、求财、求子等多种类型，如消灾树、健康树、长寿树、平安树、发财树、功名树、姻缘树、夫妻树等。有些分化来自树型，如铜钱叶型的古树叫发财树，根相连的古树叫夫妻树，也有来自故事传说的。

雷公山古树，祈福消灾的神仙树

祈福消灾树，一般都是本寨本村最高大的古树。除古树以外，人们把那些能驱邪避灾的树种，也称消灾树，如苗族的枫树、侗族的黄杨，还有桃树、李树、椿树、菩提树、榕树、柳树、榆树等，也都是有名的驱邪消灾树。现在人们也将木荷等防火树种，称为消灾树。

炉山夫妻树。凯里市炉山镇马鬃岭，两株距离不足 1 米的老古树树干之间连着一根天生的横木，非常稀奇，当地群众都叫这两株老古树为“牵手夫妻树”。这两株奇特的树，一大一小，大的树高约 20 米，胸围 2 米多，需两人才能合抱，小的一人可合抱。据了解，这是两棵红绸树，系壳斗科树种，是世界珍稀树种。

彝族的应树。云南富民县彝族每个家庭都栽有一至数棵长青树，树种多为黄栗、青冈栗、杉罗树、白牛筋树、青树等大树，当地彝民称为“应树”，应者，即有求必应、善恶有报之意。若某家族的应树衰老或有病虫害，必另选新的大树， 就像人们不能没有父母一样，彝民认为不能没有“应树”，应树已世世代代成为当地彝民各家庭的象征和护身符，人们也像维护家族的利益那样保护应树。

岜沙生死三棵树。在岜沙，每个人一生都有三棵重要的树：一棵是生命树，在出生的时候由父辈栽下，死后砍下拿来做树棺下葬；一棵是消灾树，在成年的时候认养，就好比认个干爹，消灾树一般是枫香树；还有一棵墓葬树，当一个人的生命终结后，在埋葬的墓地上种上一棵树。

四、许愿树，十乡八寨灵验的古树大木

许愿，作为一种原始宗教祈术，各民族中普遍存在。许愿的本质是讨好、贿赂神仙，给你好处，帮我办事，是一种投机取巧的行为。平时不烧香、临时抱佛脚，说的就是这种情况。许愿树，一般都是十乡八寨灵验的古树大木。此外，各地还有许愿墙、许愿池、许愿石，许愿山等。

苗乡侗寨，家庭遇到不测，通常都是不生育、生久病、摔断腿等，人们就会带上香火，到本村也可以是外村比较灵验的古树下许愿，树神保佑我吧，帮我把困难解除了，年底收获时，我来给你树神大仙烧十捆香百袋纸。但是，许愿就一定要还愿的，否则树神会发怒的，会加倍惩罚的。

香港新界许愿树，是香港著名的许愿胜地和旅游圣地。许愿树是两棵大榕树，坐落于新界大埔林村内，建于清朝乾隆年间的天后庙一侧。两树被当地村民视为神灵，并在其根部燃点香烛冥镪祈福许愿。

从江占里，后有许愿山许愿林

第五章 龙脉树崇拜，对山脉水流的龙崇拜

苗侗人民龙崇拜，对青山绿水的膜拜。

在中国有一个民族，上不拜天神，下不拜皇权，历来只祭拜自已的老祖宗蚩尤，这个被正统儒家文化斥之为大逆不道的民族，就是中国的苗族。侗族也是一个没有国王的王国，只祭萨神与祖宗，不知皇权为何物。历史上苗侗人民是一家，民族划分是新中国成立之后才区分的。

一、苗侗人民龙崇拜，祖先崇拜的衍生

龙崇拜，同宗同祖的祖公崇拜衍生。

幻象思维，万物同宗，万物同源。人类从动物向人的进化中，最初出现的思维形式可以叫做幻象思维，由于人类的认知能力有限，人类还不懂得对植物和动物、男人和女人等之间的区别与联系，更不明白因果、逻辑等关系，这种没有逻辑、不讲因果关系的思维推理，就是神话思维，人类的童年期是一个神话的世界。

神话阶段是特定历史阶段，主要是原始氏族社会的产物，当人类能够支配自然力时如耕种、驯养，人类就认为自己比植物和动物高明，神话阶段也就结束了。发生认识论创始人皮亚杰认为，要想认识人类童年期的思维，观察儿童的思维就可以了。2~7 岁的儿童，偏好童话，对应的正是人类童年期的神话阶段。

苗族神话传说《苗族古歌》里说："还有枫树干，还有枫树心，树干生妹榜，树心生妹留，古时老妈妈。"意思是说，枫树干和枫树心生出了"妹榜妹留"。"妹榜妹留"是苗语，翻译成汉语即是"蝴蝶妈妈"，而"蝴蝶妈妈"则是苗族的始祖。因为"蝴蝶妈妈"生下十二个蛋，十二个蛋又孵化出远祖姜央（即姜尤、蚩尤），以及雷公、龙、虎、蛇、象、牛等 12 个兄弟。可见，龙是苗族万膜拜的蚩尤先祖的兄弟，因此，与水牛崇拜一样，龙崇拜可谓是苗族祖先崇拜的衍生。

蝴蝶妈妈，及其生出的龙、牛、鱼等（陈应发 摄）

侗族古歌《人类之源》中关于人类来源是这样叙说的：龟婆孵出了世界上第一个男孩叫松恩，聪明又灵活，又孵出世界上第一个姑娘叫松桑，美丽如花朵。侗族《洪水滔天》神话中说，世界上第一个男孩松恩，与世上第一个女孩松桑开亲后，生下王龙、王蛇、王虎、王雷、王蜂、啄木鸟、熊、猫、鹅、姜良、姜美、王素等 12 个兄妹。可见，龙也是侗族祖先的姜良姜美兄弟。

二、苗侗人民龙崇拜，青山绿水的地龙文化崇拜

天神天龙文化，华夏民族的专利。

异教徒，要斩尽杀绝。异教徒最早是基督教徒用来称呼犹太人和穆斯林的，对付异教徒，各教派都是一致的，斩尽杀绝。在西方国家，宗教战争是常见的历史现象，其中影响最大的是欧洲三十年宗教战争。公元 1618 年，信仰新教的波希米亚人民发动政变，拉开了三十年战争的序幕。后来英国、荷兰、丹麦、瑞典、法国等相继加入了战团，最后竟演变成全欧洲的大战争。战争初期是军事力对抗，后期又加入了互杀对方平民、破坏耕地等行为。

苗族，也受到了异教徒式惩罚。苗族先祖蚩尤战败后，其后裔

又成立了一个强大的三苗（也称有苗）集团。尧舜禹三朝以“九黎乱德”“民神杂糅”“民神同位”等非天神信仰为借口，讨伐三苗。范文澜在《中国通史》中说：“黄帝以下诸帝，以攻黎攻苗为主要事业，到禹才完成了这个事业。”《吕氏春秋 · 召类》曰：“尧与有苗战于丹水之浦。”舜多次征苗，最后死于征三苗途中，《淮南子 · 修备训》曰“舜征三苗，道死苍梧”。夏禹 35 年，禹命令他的儿子启领兵征伐有苗氏，部分归顺，有苗氏亡。《今本竹书纪年》：“三十五年帝命夏后征有苗，有苗氏来朝。”

尧舜禹三朝的神权政治核心是“绝地天通”，征服一切地神信仰的部落，统一到天神信仰。《尚书孔氏传》说：“帝命羲和，世掌天地四时之官，使人神不扰，各得其序，是谓绝地天通。”《国语楚语下》曰：“及少皞之衰也，九黎乱德，…乃命南正重司天以属神，命火正黎司地以属民，使复旧常，无相侵渎，是谓绝地天通。”《书 · 吕刑》曰：“乃命重黎，绝地天通，罔有降格。”

夏商周三朝的神权政治核心是“以德配天”，它形成于夏代，发展于殷商，极盛于西周。夏商时期神权政治的主要内容是天命、天罚，到了西周就演变成“以德配天”的君权文化。指君主的权力是天授予的。以皇帝为首的华夏部落，是图腾龙民族，天神与龙文化的结合，形成天龙文化，皇帝是可谓是真龙天子。

地龙文化，苗侗人民的龙崇拜。

苗侗人民的龙崇拜，表现为“地龙崇拜”，这与汉族对天神、皇权的释诠中形成的“天龙文化”明显不同。苗族人民不仅不信仰天神，历史还曾多次受到惩罚，也不改只敬祖宗的信仰。千百年来，苗侗人民与山水相伴，山水是其生存根本，是衣食父母，因此苗侗人民崇山敬水。

一般来说，苗族龙崇拜为山龙崇拜，也有崇拜河流为水龙的。从苗族人民龙脉观来看，他们把绵延起伏的山脉比喻为龙脉，龙头总要朝向水，朝向开阔之地，村寨就建立在这样的龙头之上。龙头前面是环绕的溪流和开阔的坝子，龙头后面是起伏迭宕山脉龙脉，村寨就立在这样的龙头处，俗称为“坐龙嘴”。后山龙脉来势凶猛，要在后山多栽树木箐竹，作为风水林，以镇凶邪，保全福祉（余达忠，2009）。

丹寨，坐龙嘴的大簸箕苗寨（陈应发 摄）

骑龙头，坐龙嘴。苗侗人民笃信，山脉前、溪流后的缓冲之地，正是山龙低头喝水之势，是龙头之地。因此，他们把龙脉顺山势而下止于平坦地方称为龙头，也称坝子。龙头前面的缓坡地带即是龙嘴部分，这里就是安寨立房的好地方，称为坐龙嘴。可见，苗侗人民建村立寨的首选之地，正是这种“骑龙头、坐龙嘴”之地。

三、龙坛龙柱，苗族龙脉文化的图腾

龙坛龙柱龙旗，苗族龙脉文化具体化的措施。

村村置龙坛，寨寨有龙柱，是桂北苗族图腾龙的主要方式之一。黔东南苗族很少见龙坛，但雷山、凯里等县（市）龙柱、龙旗也很常见。龙柱多为苗族图腾的枫木制作，顶上有牛角状和圆形饰物，现在也有用水泥石柱的。

置龙坛。以融水苗族自治县为主的桂北及邻省诸县的苗族，每村中央有一地坪。坪偏东面筑有1.5~3米见方的石面园形土坛，坛心置一陶制水缸，盛有水，放有鳝鱼，用一平板石块封顶，苗民管叫这“龙坛”，或“龙坪”（鳝鱼为龙的化身）。龙坛之地按“龙脉”而定，一般是先建龙坛后立村庄，故现坛坪多在苗寨中央，素有“村脐”之称。

立龙柱。龙柱亦称“图腾柱”，是竖在龙坪和芦笙堂中间，长一至三丈、上饰木制牛角的刻龙彩柱，是苗民“岁首祭祖”的象征物和崇拜物。龙柱也称族柱，是兴旺发达的象征，故立柱必施以礼。如伐柱木择吉日，倒木向东方，忌用雷劈质枯木，伐者长幼齐全、加工先掷鱼肉酒于地而后动斧，立后不得搬动等。龙柱备受苗族尊崇爱护，立龙柱之芦笙堂，年初一开塘，元宵节后闭塘，开前闭后严禁吹带笙乐入堂内。

凯里，南花苗寨的龙柱（龚校军 摄）

树龙旗。龙旗即村旗，以纯色绸料为质地，呈宽条幅挂式，中精画腾龙，左右各垂一边屏，饰以花色犬牙、串珠、白禽毛等，用高而细尾竹竿树起。各村逢年过节或大典，以龙旗为指挥，旗进人进，旗退人退。平时由村佬收藏，珍之如命，一面龙旗可用一代以至数代人，烂而复制。

四、招龙安龙，苗族龙脉文化的祭祀

招龙安龙，苗族龙脉“正位安居”的巫术。

苗族的兴衰福祸，是处决于龙脉的“安居”或“出走”的。若村有火灾、瘟疫、邪异或重大不祥之兆，则视为龙之潜逃所致，故首件大事是“招龙”（贵州雷山曰“招龙”、湖南麻阳称“接龙”）。其形式是：先占卦龙“逃”之处，由巫师、村老及德高望重者担任“信仰守护人”，率领全村男女老幼出动请龙。招龙队伍每人执纸龙旗一帜。事前选两对男女青年，一对抬“龙桶”，一对掌瓢舀“龙水”。至龙潭边，摆上鱼肉酒饭，巫师面潭挥旗作拜礼，众人即唱“请龙歌”。每唱完一段歌词，巫师便向河潭投一小石，击起水泡视为龙神反映，掌瓢青年就势将“龙水”舀入桶中，歌毕转入另潭，依式逐潭溯河而返，汇流之潭必不放过。潭尽入村，举村歌管笙乐隆重“迎龙”，复行安龙仪式，作牺牲后，揭开龙坛眼将“龙水”倒入，请龙仪式即告结束。

如赶上风调雨顺，富足如意之年，苗民则认为龙神开恩惠德所致，是年举行“安龙”仪式，以水牛牯祭之，意在报恩。这里苗族除“鼓社”大典或“埋岩”定苗规外，招龙、安龙便是最隆重而岁岁须行的祭祖活动了。

雷山招龙节，对龙神与竹文化的结合。

雷公山麓盛行招龙节，主要流行在西江、雀鸟、郎德、控拜、龙塘等地。每当遇到人丁不旺、六畜不安、生产歉收等，当地苗族人民便认为是龙脉变化或不安的原因，必须招龙，让龙神招回龙脉原位，

榕江小丹江，招龙节上竹子路标

让龙神安心。招龙一般由鼓藏头召集，由巫师主持，到后山的龙脉主峰喊龙，一路上敲鼓喊龙，并取回一些泥土，培于寨头祭龙坪之祭凳两竹子的根部，即为招山龙神下山来到寨上（刘必强，2011）。雷山招龙节中，一般以竹子为载体，有的村寨招回竹子，栽于村寨龙坛广场，或取回泥土，以培育广场上的竹子。

五、龙树龙石，苗族龙脉文化的载体

苗族的龙崇拜有不同的载体，如龙状的树、龙形的藤，深山中的古树、水潭或巨石，常作为龙藏身的龙树、龙谭、龙石。如雷山乌东村，将山里龙潭边的一棵秃杉作为龙树，传说雨天时龙常化为彩虹飞天而去，天旱时，要来些招龙求雨。台江九摆村，将山里一片林地作为龙脉地，称之为“播养里”，其鼓藏节的第一道仪式是招龙谢土，鼓藏头率全氏族男女到本寨的龙脉“播养里”山岗上迎龙起鼓。

龙崇拜，也有更直观截体的。如雷山干脑村的龙崇拜，有山龙和水龙之分，连绵的山脉为山龙，山龙就是穿山甲，能保估村寨平安幸福，蜿蜒的河流是水龙，水龙就是娃娃鱼，能保佑人们风调雨顺（杨从明，2009）。

雷山县郎德镇碧屿寨，坐落在巴拉河上游右支流乌瓦河与乌叠河交汇的山梁上，海拔 910 米。寨后护寨枫树、杉树高耸入云，寨脚四周松杉郁郁葱葱，是两水夹一龙之地。现在碧屿寨后山梁上，有一棵国家二级保护树种铁杉，树龄约 500 余年，胸围直径约 1.3 米，高约 15 米，枝叶覆盖地面约 500 平方米。当地人传说，这棵铁杉原是一条螭龙，顺山梁而下来到这里，看寨上风景实在美丽，不想离开，故钻出地面，站立化为大树，欣赏寨上的景色，保佑寨上的人们。为此，碧峋寨民每年举行铁杉议榔祭。

郎德碧峋寨祭铁杉，螭龙的化身（李国章 摄）

第六章　生命树崇拜，树木顽强的生命力崇拜

自然严酷，生命脆弱，先民们时时刻刻都面对着死亡的威胁。因此，赵国华认为："远古先民最根本的崇拜就是生命的崇拜，生殖的崇拜，这些崇拜往往借助一些具有象征意义的动植物表现出来。"

一、生命树，人类追求健康长寿的期望

圣诞树，源自古埃及阿蒙神教的生命树崇拜。

古埃及阿蒙神教中，奥西里斯生前是国王，一次宴会后被其弟弟塞特害死，其妻子伊西斯找到他的尸体后使他复活，复活后的奥西里斯执掌对所有死人的审判。伊西斯在丈夫死后靠祈祷怀孕，在一个月黑风高之夜，饥寒交迫的她，在大树的庇护下，生下了何鲁斯王子。何鲁斯的生日 12 月 25 日，和圣诞节同一天。阿蒙神教祈祷仪式开始和结束都说"阿蒙"，基督教完全一样，连读音都一样。

卡巴拉生命树，犹太教神秘的哲学。卡巴拉生命树概念，为中世纪犹太神秘主义者犹太教教士拉比所创，他将过去古代的知识，以数字和字母的方式结合起来，作为解答宗教哲学问题之依据。后来犹太教徒更进一步将事物起源区分为经由 22 条路径环环相扣的 10 个数字，每个数字都对应一个希伯来文字母，具体的分类图表则用生命之树来表示。

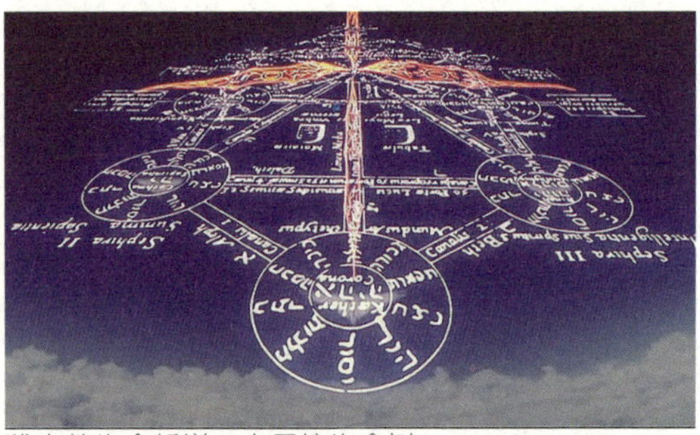

犹太教生命哲学，卡巴拉生命树

古有句芒，后有四木，中国的生命之树崇拜。

句芒，是象形春天草木初生时钩屈而有芒角的样子，是我国古代的树神。到春秋时期，句芒的神职已界定得比较清楚了，他是司命之神，

能够使人长寿，子孙繁衍，国家昌盛。《淮南子·天文篇》曰："东方木也，其帝太皞，其佐句芒，执规而治春。"《吕氏春秋·孟春》："其帝太皞，其神句芒。"高诱注曰："句芒，少皞氏之裔子曰重，佐木德之帝，死为木官之神。"

中国神话中说，远古时代，天是圆的，地是方的，天笼罩着大地，浩渺的天穹实际上是由东极扶桑、南海建木、西极若木、北方寻木等四棵神树支撑起来的，因此，扶桑、建木、若木、寻木也就成了四个方位上的生命之木。太阳日出东方，这样方有了日出扶桑的传说，扶桑也成了太阳神的象征。

二、栽花树，获得树木生命力的替身树

花树，苗族人民的生命之树。

苗族人民笃信，每一个人都有一棵与之相应的花树，世上一个人，地下一花树，树毁则人亡。当孩子感冒、咳嗽等身体不适时，是因为其花树受到不良影响，这时就需要栽花树了。花树，不是固定的树种，多为松柏杉等常绿树种，或生命力强的杜鹃、竹子等。

栽花树，有的苗族村寨称为"添梁"。这一祭祀活动在苗语中称为"基南"（Jilnzef），"基"的汉语直译为"种植、培植"之意；"南"汉语译意为"生命""长寿"等。这是给家庭中某一体弱的成员专程举行的一种"保健康促增寿"的祭祀活动。

黔东南等地栽花树，实为栽花竹。

黔东南雷山、丹寨、麻江及黔南都匀、三都等地，流行为体弱多病孩子"栽花树（竹）"的祭礼活动，以祈盼孩子像树木一样强壮长寿。举行"栽花树"祭祀活动之前，一般要根据孩

丹寨岩英，栽花树（王钦平 摄）

子的生辰八字择定吉日，专程去约好巫师，准备好必要的祭祀品。“栽花树”是求近亲中福寿双全的 11 人，每人送一钱二到三钱六不等银子，加上父母的三钱六分银子。仪式时，巫师每念完一节巫词，大家每喝一次酒，如果巫师打的卜卦不合，大家又多喝一次酒，往往做完一堂栽花树仪式，有的人已醉酒如泥，逗得一屋人都笑（李鹏臻，2009）。

关岭跳花树，祈福新年。

关岭苗族花树节，传说是为了纪念苗族英雄杨鲁而兴起的，至今安顺北门外的跳花坡仍以其名命名为杨鲁坡。关岭花树节在每年农历正月初三至初七举行，初三栽种花树，初七倒花树，选用松柏杉樟等树栽立，以祈求人丁兴旺、风调雨顺。花树节有其传统的仪式，而最庄重的仪式是敬花树。花树杆上挂着酒葫芦，倒花树有抢花夺子情节，还有很强的生殖意象。

水城请花树，选用松柏类树木。

水城请花树，是小花苗支系以纪念祖先和亲友聚会，求吉祥平安为目的庆典。节日一般选在农历 2 月 10~14 日，整个活动都是围绕着花树，在花树老人的带领下进行，自然而然形成了一整套约定俗成的程序，包括：选花树、请花树、送花树、插花树、拜花树、收花树。

兴仁苗族，跳花节（王永祥供图）

三、贺生树，人树合一的同生树

树木有强大的生命力，那如何获得树木旺盛的生命力呢？先民通过栽植议式，让树木成为孩子的替身，通过人树合一，以获得树木强大的生命力，这就是贺生树，也称同龄树、老庚树、生命树等，清水江流域盛行的“十八杉”“女儿杉”等，也与贺生树大同小异。

湘桂黔等地的苗侗人民，孩子出身时有栽“贺生树”的习俗，像养育自己的孩子一样爱护幼树，孩长树大，树木实际上成为儿女成长的象征和替身。这种树林，造一片就能成一片，往往枝繁叶茂，茁壮挺拔，硕果累累。这种树，既是群众得子的纪念，也是农家收入的财源。

从江岜沙，同生共死的同生树。岜沙对树木特别崇拜，像崇拜神一样崇拜每一棵树，像爱惜生命那样爱惜每一棵树。每当一个男孩出生时，父辈则为其栽下一棵是同生树，一般是枫香树。近年来，也有认养小树的，当寨子里孩子出生时，父母都会到林中选一棵长势茁壮的小树作为孩子的同生树，陪伴孩子成长。

锦屏钟灵乡高寨村，一双胞胎生下后死了一个，据说双胞胎有心灵感应，一个死了另一个也活不长。其父母找来“香香婆”，在老屋边栽一棵“成子树”，用这棵树来陪孩子健康成长。成子树形状成球形，孩子就取名双球，后来果然平安无事，成家立业（胡卫东等，2011）。

浙江余杭、丽水等地，盛行一种淳厚的民风，每家生下孩子后，都要种下一棵树，称为“同龄树”，盼望孩子像树木一样茁壮成长。浙江丽水等地至今仍盛行为新生儿女造“贺生林”的风俗，当地群众流行的民谚是“十八年树木成材，十八年儿女成人”，人们以树喻人，期盼儿女降生后像树苗一样茁壮成长。男婚女嫁时，还可以利用林木作为儿女操办婚事的财源。

第七章 生殖树崇拜，树木强大的生殖力崇拜

树木有极强的生殖力，是土地生产力的反映。《说文·释天》曰："木，冒也。"《说文·释地》曰："母，冒也。"可见，木和母都主生，有强大的繁殖力，二者结合起来就是母性的树木。

一、枫树黄扬，苗侗人民的生殖之树

祖先崇拜，也是创世生殖崇拜。

考察世界古文化，先民的祖先崇拜与创世生殖崇拜是一致的，祖先是万能的，世界是祖先创造的，祖先是主管生殖之神。在苗族中，流传着千篇一律的枫树创世神话，枫树生出了人类先祖蝴蝶妈妈，苗族人民则亲切的称枫树为妈妈树。在侗文化中，也广泛流传着萨玛创世神话，而侗族的萨神树黄杨，侗族人民称之为祖母树。枫树和黄杨，都是祖先树、创世树、母性树，是苗侗人民的生殖之树也。

在苗族文化中，枫树生殖崇拜还有更多体现。如"枫树心心生蝴蝶"中说，蝴蝶孕育在枫树心心里，啄木鸟从东方飞来，来把大门啄开，放出了蝴蝶，这其实包涵了阴阳交合之意。苗族制祖鼓时，要用白鸡钻过鼓腔，鼓才会灵验，这也是一种阴阳交媾的隐喻。苗族盘瓠传说、葫芦兄妹，实际上以葫芦或瓠瓜象征女阴，今天口语中仍视"破瓜"为交

枫树下古瓢琴舞，着百鸟衣（王钦平 摄）

在侗族文化，萨神是祖母神。侗族祭萨性中的一些道具，也有明显的生殖意象，如葫芦酒、祭萨的鱼等。在祭萨中，一定要有鱼。湘西侗族地区有祭祀“萨巴神”的舞蹈，萨巴神是湘西侗族对祖母萨神的称谓，舞蹈中的男女有模仿交媾动作，以期获得祖母神的生殖力。

二、架桥求子，古老的求子巫术

架桥与巫教文化。

苗家人钟爱桥，是因为在他们的巫教文化心理中，认为人从另外一个世界来到人间，全部是从桥上过来的；桥是幼儿的保护神，传说架桥立板凳是给来投胎的魂灵以方便，板凳是供给投胎的魂体休息；桥是供给投胎的魂体行走，如果其走累了没有板凳坐，遇河沟没有桥过，“魂”过不来，就生不了小孩。因此，家家户户都有自己的桥或板凳。架桥一般多用枫、桃、李、杉树架设新桥或板凳，隐含有两性崇拜的意思。

神秘二月二，苗族架桥祭桥节。

丹寨石桥，路边的架子桥（陈应发 摄）

农历二月二，黔东南很多少数民族都有祭桥的习俗。祭桥分为架桥和敬桥两种。架桥又分为两种情况：一是主家无子。无子的人家架桥目的就是保佑上天送孩子来。二是主家有子。有子的人家就祈求上天保佑孩子除病消灾，健康成长。架桥方式也很多。一般架木桥，也有架石桥的，还有架石凳的（俗称坐桥）。

架木桥或石桥的多为求子。一般在节前就请人备好木料石料，请巫师占卜择地，只等二月二动工。开工前，有的苗寨还要请巫师烧香烛纸钱，用麻线、背带、蜘蛛、鱼、蛋、酒和几尺红布，进行祭祀仪式，方能动工。桥架好后还要由巫师剪符念咒，贴于桥两侧，多数还在桥头用石块垒一土地庙，意为土地神守桥。

架石凳桥多为孩子瘦弱多病的人家所为。这类架桥不是真正意义上的架桥，而是在水井边、大树脚、山坳口休息处，用石块搭成桥（这类桥禁别人踩），供人休息。架桥者也把此石桥视为孩子们的桥，意为给孩子架个桥，保他平安成长，除病驱灾。

农历二月二这天，可以说是苗家的“儿童节”。孩子们尤其高兴，因为小孩子们这一天都得到特别优待：不必打猪草、砍柴和放牛，也不干其他活，还能得到红蛋，吃上好饭菜。这天即使犯了过错，会得到大人的谅解，免遭打骂。

三、欢合树，社树下的百年好合

“不孝有三，无后为大。”多子多孙、子孙满堂，一直是中国人的梦想。树木有强大生殖力，那么，如何获得树木强大的生殖力呢？答案是树下欢合，这是一种古老的交媾巫术。其中效果最好的，就是在象征民族和国家的社树下欢合。

据邓帮云考证，先秦时期，社祭常与生殖性爱交织在一起。社祭时在林下合男女，设定观示区，这正是汉字“禁”的由来，因为观社是禁止外社成员的，孔子的《春秋》评述鲁庄公应邀如齐观社，认为非礼，况常人乎（邓帮云，2008）。

著名史学家范文澜在《中国通史》中指出“楚国是苗族的楚国”，春秋战国时“五霸”“七雄”之一的楚国，就是苗族人民的杰作（范文澜，1978）。楚文化乃苗文化也，楚文化风情万种，也许源自云梦的合男女。至今巫山神女、巫山云雨、巫山云梦等词，都是一个个让中国人莫名兴奋的名词。

关于巫山云梦的原始起源问题，郭沫若在《释祖妣》一文里指出：“楚之云梦乃楚社所在之地，其中有阳台，有高唐观，有巫山神女之朝云庙，而为为云为雨之所。”这就是说，云梦是楚国的神社，是楚国君王祭社的地方，也是青年男女在此“为云为雨”的欢合场所。

先秦时期，关于社树下欢合的记载有很多。《汉书·地理志下》曰：

“卫地有桑间濮上之阻（祖），男女亦亟聚会，声色生焉。”可见，男女祭祀后在社台桑间濮上合欢，声势之浩大。

屈原《天问》：“何环闾穿社，以及丘陵，是淫是荡，爰出子文。”子文就是楚成王的令尹，其父母于社台丘陵野合，生出子文。

《周礼·地官·媒氏》：“凡男女之阴讼，听之于胜国之社。”说青年男女可以利用祭社这个机会，自由地选择对象欢合。

《墨子·明鬼》：“焉得彼涂山女，而通之台桑。”王逸注：“言禹治水，道娶涂山氏之女，而通夫妇之道于台桑之地。”意为，禹娶涂山氏之女后，在社台桑树下行夫妻之道。

曾经风行一时的社树欢合习俗，今天仍残存在我们的文化中，见到桑树（商朝及其后裔宋国之社树），人们就想到“采桑多处子”，见到橘树（楚国之社树），就联想到“橘子多青涩”，说起楚之云梦，自然就想到巫山云雨。

广西融水苗族的芒篙舞，芒蒿本为植物，因生殖力强被视为生育之神，芒蒿边跳舞边追逐妇女，并作象征交合的动作，据说这样不育的妇女就会怀胎（罗义群，1993）。贵州威宁彝族有一项古老节庆“撮泰吉”，意为“人类形成期的游戏”，在演出烧灰、播种、打场等耕种戏后，开始表演调戏、欢合等动作。耕地上交媾行为，当为提高地力的巫术（朱和双，2007）。

融水芒篙舞，生殖意象

四、爬坡节，也许是社树欢合风俗的残存

花前树下，获得树木强大生殖力的浪漫。

人们谈恋爱时，喜欢花前树下；从江岜沙人婚时，在树下举行婚礼；摩梭族人盛行阿注婚，姑娘长大后在林下搭个棚屋，等小伙子上门，这些习俗，可能都是古人为获得树木生殖力的文化遗存。

苗族爬坡节，东方的情人节。爬坡节苗语称“纪波”，是苗族青年男女们翘首以待的恋爱盛会。爬坡节，主要盛行在黔东、湘西边境一带，时间大多在二三月间，称“三月坡”，也有的地方是“七月坡”。坡在苗侗地区，实为山坡、树坡、林坡，后演化成固定的坡场，大多为便于聚会的疏林草地，如丹寨兴仁镇有翻仰坡、岩英坡、甲劳坡，南皋乡有竹留坡、乌毕养溜坡，扬武镇有野道坡等，均为山间平缓的疏林草地。

凯里香炉山，爬坡节（黔东南州旅游局供图）

空申茅人节，源自爬坡节。茅人节又称“爬茅人坡”或“插茅人”，苗语称为“劳莎丽”，主要分布在黔东南榕江县、剑河县、雷山县接壤的地区，以榕江县两汪乡的“茅人节”为主要代表，其中空申被誉为“茅人节之乡”。节日中，人们用茅草嫩绿枝叶扎成高低大小不等的“茅人”把，捆在杉树杆上，一般插 7、9、11、13 根，插单不插双，是求双寓意的启示。为什么用茅草呢？茅草的生命力强，生殖力旺，是生命生殖的图腾崇拜。

侗族赶歌会，盛行于贵州天柱、锦屏等县。每年农历七月二十日，侗族男女青年成群结队奔向歌坪。赶会的群众多达万人。姑娘小伙三五成群，相互对歌，互诉衷情。各寨歌

锦屏平秋，侗族赶歌会（粟周榕 摄）

队也纷纷前来赛歌。相传该歌会是为纪念一位忠于爱情的歌手而形成的。赶歌会的歌场，一般都选在稀林绿草坡上。男女青年们借歌会寻找自己的新友故交，道情表心，唱起令人陶醉的情歌，直到第二天黎明。

其实，黔东南的众多节日，都与生殖崇拜有关，并保留有男女交合的感应巫术遗存。刘必强在《神奇节俗：黔东南民族传统节日》一书中说，大地母亲具有生殖力，耕作和播种是使大地受孕的方式。这种感应巫术观点，使得先民们将春季狂欢中的恋爱交媾内容融入祭社及耕作模拟活动之中（刘必强，2008）。

空中茅人节，生殖意象（粟周榕 摄）

第八章　竹子崇拜，生命生殖的崇拜

东亚文明，从某种程度上来说乃是竹子文明。这是李约瑟博士在《中国古代科学技术史》中的断言。事实证明，中华民族与竹子结下了不解之缘，中华文明也浸染了竹子文化。

“竹生人”神话，作为竹子生命生殖崇拜的高级形式，又衍生出祖先竹、创世竹、社竹、轮回竹、龙竹、保佑竹等文化现象，主要分布在中国西南少数民族地区，及东南亚部分地区，明显带有夜郎文化的遗迹。而中国东南沿海如安徽、浙江、江苏、福建、广东等省，基本上没听说“竹生人”的传说。竹文化表现为普通的生命生殖的崇拜。

一、竹生人，古夜郎王的竹生说

中原汉族自封龙的传人，夜郎后裔自称竹的传人。

先民原先不知道人的繁衍是两性行为的结果，看见竹子生命力顽强，生殖力强大，就以为人是竹子生的，祖宗也是竹子生的，以竹子为图腾，对其顶礼膜拜，这就是夜郎国的“竹生人”的神话。

竹王传说，揭秘夜郎文化的秘码。

竹王传说，夜郎王生于大竹

竹王传说，最早出现在西汉杨雄的《蜀王本纪》中，文中曰：“昔有女子于溪浣沙，有大竹流水上，触之有孕。后生一子，自立为王，以竹为姓。汉武使唐蒙伐牂牁，斩竹王。土人不忘其本，立竹王庙，岁必祠之，不尔为人患。” 汉武帝为大一统的目标，伐夜郎，斩竹王，但夜郎人民不忘其本，立庙祭祠。《华阳国志》《淮南子》《风俗通义 》《郡国志》《搜神记 》、《述异记》《水经注》等，也均有类似记载。

神圣的竹王，夜郎人的精神家园。

竹王死后，夜郎人民不忘其本，建庙立祠，岁必祭之。据有关地方史志记载，竹王庙曾遍及四川、云南、贵州、广西、湖北、湖南等广大地区。如贵州桐梓县、贵阳市有竹王城，福泉有竹王城；四川西部的大邑、荥县曾建竹王庙，邛崃、乐山有竹王三郎庙；云南通海等有竹郎庙，昆明曾建邛竹寺；广西阳朔、三江、凌云等县，曾建竹王庙；湖北恩施东北郊有竹王祠；湖南乾州府的雅溪、武冈州、苍梧县冠乡、新晃皇家陇曾有竹王庙。从中不难想到古代祭祀竹王的盛况（罗曲，2000）。

二、祖宗竹，竹王传说的衍生神话

夜郎文化，西南各民族竹生人文化的渊源。

中国西南地区祖宗竹及创世神话丰富，这些传说大同小异，可以认为是上述竹王夜郎神话的衍生。流传范围主要在彝、苗、仡佬 、布依四大民族中，其他民族中也有生动传说，如瑶、侗、纳西、独龙、傈傈族等。其中仡佬族神话，最接近竹王夜郎神话的内核，可谓是竹王夜郎文化的传人（张泽洪，2012）。

仡佬族竹图腾，夜郎文化传人

竹子，彝族人民的祖先图腾。

贵州威宁彝族人传说：山洪中漂来竹筒，划开内有五个孩子，五人长大后，分别成为白彝、红彝、青彝的祖先。由于彝族从竹而生，故死后要装菩萨兜，以让死者再度变成竹（何耀华，1981）。云南彝族人还传说，金竹生出了彝王孟氏四兄弟，孟获、孟优、孟达、孟连，后由他们开创了彝家的一切。广西隆林、那坡和云南的富宁等彝族人崇拜楠竹，妇女生孩子后，要将胎衣胎血放一些到竹筒里，挂在楠竹枝上，以显示他们是楠竹的血裔（陈西平，2012）。

竹为祖，布依族的竹生人信仰。

布依族即是竹王传说中提到的僚人后裔，他们终身信奉“人的诞生以竹保佑”“人的灵魂从竹而来”“独子与竹为伴”“年老随竹升天”的信念，拜竹为祖宗，视竹民族的象征，每年除夕时，要采摘竹枝回家插于堂屋中“过年”，作为祖先祭供，吟唱《祭祖经》：“尊敬的祖宗啊，请你从那竹中来，来享受儿女的酒和鱼。”独龙族的神话则说竹筒使四位姑娘怀孕，从而生出了民族的祖先。

三、轮回竹，归竹归宗的生命轮回

竹子不仅是生命之源，也是生命的归宿，这就是竹子的生命轮回哲学。笃信竹生人的竹王夜郎后裔认为，人不但由竹子而生，死后还要变回到竹子中去，否则亡灵找不到归宿，成为孤魂野鬼而得不到安息。

竹灵牌，灵魂归竹

祖灵竹，灵魂归竹的生命轮回观。在各地彝族中，都将竹作为祖先灵位。竹祖灵位，彝语称“玛都”，意译为祖先从竹内来，死后也要归入竹内。供奉竹祖灵位，是四川、云南、贵州、广西等地崇拜竹的彝族共同的习俗，但是由于支系、地域的不同，竹祖灵位的形状亦有差异，有竹条、竹筒、竹篾、竹片等诸种（余宏模，2004）。

灵幡竹，竹神引路回归先祖之地。黔东南布依族认为人死以后要魂归竹林，所以死者的亲人要在门前插楠竹作灵幡，布摩诵《祭祖经》：“请你从那水竹口，你从水竹来；你从那楠竹口，你从楠竹来；来享儿孙酒，来享儿孙鱼。”出丧时孝子肩扛楠竹灵幡走在棺材前，意为“神竹引路”。安葬后将大楠竹插在坟头，象征魂归祖地（张泽洪，2012）。

陪葬竹，凭竹子到祖先那报到。贵州镇宁的蒙正苗族男性死后，要用竹片陪葬，以示回归祖宗。家族中寨老手提着竹片面对死者说："亡人，把你胸间的竹片揣好，到祖宗那里去报到，祖宗问你，你要把竹片拿出来给祖宗看，有了竹片作证据，祖宗才承认你。"安顺市苗族成年男性死后，用祭供的竹兜随棺陪葬。

归宗竹，象征亡灵与祖先会合。黔东南仡佬族有插"归宗竹"的丧葬习俗，在安葬亡人入土后， 师公要插一根"归宗竹"于坟上，象征死者灵魂通过竹竿回归祖先之地。

四、社竹，祖先竹文化的图腾

社竹，民族的图腾与象征。

西南地区社竹文化非常丰富，历史上有很多古民族如夜郎人及有关的濮族、靡莫族、僰族、笮族、邛族等，以竹为民族和民族的称谓。在当代民族中，根据中华世纪坛上56个民族的图腾浮雕，仡佬族为大竹，布依族为楠竹，傈僳族为竹弩，毛南族为花竹帽。其实苗族、彝族的多个支系也以竹为民族象征。

濮族，社竹为苦竹。濮人崇拜竹，图腾竹，以竹为族称。濮族曾是一个庞大竹族联盟，历史素有百濮集团的说法。许多学者认为，濮族可能是夜郎国的主体民族。古时濮作为植物名称则是苦竹。《正字通·竹部》："濮，苦竹别名。"李衎《竹谱详录》说"濮竹，……众生如苦竹，长节而薄，可作屋椽"。

濮族社竹，苦竹有白粉

磨莫族，夜郎的别称。学界认为，靡莫与夜郎一样，也同属百濮集团，且关系亲近。《史记 · 西南夷列传》说：“西南夷君长以什数，夜郎最大；其西靡莫之属以什数，滇最大。”龙贤君先生还在《彝学研究》创刊中认为，靡莫与夜郎显然是汉字译音的书写不同，皆氏竹。

僰族，社竹为刺竹。僰与棘相通，实为刺竹。郑玄注曰：“棘当僰。”《蜀中名胜记》说：“僰人者……以棘围之，故其字从棘从人。”说的是，僰人种棘竹做城防。《酉阳杂俎》：“棘竹，一名笆竹。节皆有刺，数十茎为丛，南夷种以为城。”这里棘竹，是指刺竹（罗曲，2000）。

筰族，善造竹索桥的民族。《华阳国志 · 蜀志》说：“定筰县筰，筰夷也。”定筰县在四川凉山彝族自治州盐源县，筰族以今四川雅安、凉山以及阿坝、甘孜地区为多。筰，意为竹索。《太平御览 · 纂文》：“竹索谓之筰，茅索谓之索。”（曲镌，2011）

邛族，社竹为罗汉竹。《史记 · 西南夷列传》中记载：“自滇以北君长以什数，邛都国最为强大。”邛都国在汉武帝时被西汉征服，设为邛都县，在四川西昌市东南。邛竹又名石竹、罗汉竹、密节竹，此竹因其竹秆畸形多姿，可作竹杖、伞柄、钓鱼竿等工艺品（曲镌，2011）。

僰族社竹，刺竹，竹节有刺（陈应发 摄）

邛族社竹，罗汉竹，可作竹杖等工艺品

傈僳族，同源黑彝。傈僳族的《创世纪》神话说，傈僳族系因竹签卦关系变成。其《竹氏族的由来》神话称，他们的祖先是从竹筒里出来的，号称“竹王”，因而他们乃竹王的后代，即以竹为标志的竹氏族，傈僳语称马打扒（曲镌，2011）。

仡佬族，社竹为大竹。仡佬族是当代仅存的以竹为族称的名族，主要活动在贵州北部，是夜郎百濮集团仡支系的后裔。仡佬族视夜郎竹王为祖，其族人以竹为姓。《苗疆风俗考》记载，仡佬语称“竹子”为“盖脑”，而“盖脑”就是“仡佬”的异写。《苗防备郦氏是以同族览》载，仡佬亦说“呼竹曰盖脑”，可见仡佬族就是竹族（张泽洪，2012）。

布依族，社竹为楠竹。部分布依族人崇拜金竹，有生男孩栽金竹的习俗。《贵州通志·土司志》说：“夜郎侯多同之后为金氏……其家祠中央奉有多同栗主，上书始祖夜郎多同金竹公云云。”大意说金竹公为夜郎之后，夜郎之后多姓金氏。口碑文学《金竹扰朝》，主要流传于贵州罗甸等地的金姓布依族之中，金姓当为“金竹”的略写。

中华世纪坛上图腾，仡佬大竹，布依楠竹

五、龙竹，祖先竹的神化

龙竹，龙文化与竹文化的共鸣。

先民的想象力确实丰富。龙是平民百姓风调雨顺的最终寄托，竹子是万能的祖先神。这样，竹图腾中就有了竹化龙、龙化竹的传说。晋代道学宗师葛洪的《神仙传》中就记载了竹化龙的故事。贵州雷山苗族和镇宁布依族在崇拜祭祀祖先过程中，还存在将竹与龙的形象互换的现象。

招龙节，竹、龙和祖宗三位一体的祭祀。

雷山招龙节，寨老齐唱祭祖歌（粟周榕供图）

贵州雷山苗族用竹作龙的化身，借竹举行招龙祭龙仪式。招龙节是在二月的第一个龙日进行，牯藏头带领全村寨的男女，人人手里拿着招龙旗和招龙小纸人，一路招龙颂祖，到指定的山头，把招来龙即竹子挖坑栽好，开始祭龙，其实也是祭祖祭竹。

六、保佑竹，祖先竹的应用

保佑竹，其实也是祖先竹崇拜的结果。竹子是祖先，祖先在竹子里，把竹子栽在宅边、寨旁，竹中的祖先当然会保佑自已的子孙哟。

扶花竹，提升龙脉元气的祖先竹。

祖宗竹发了，龙气高了（陈应发供图）

黔东南布依族视竹子为祖先庇护之神，比如，当家里不平安时，便认为屋基龙脉受到了损伤，要砍四根大竹插在房屋四周，谓之“扶花”，意在用竹来恢复屋基龙脉元气，使屋基龙脉重新担当起保佑全家昌盛发达，六畜兴旺的重任。保寨竹，祈求祖先竹的保佑。

在贵州平塘县和惠水县一带的布依族中，过去还有种竹保寨的“保蛮”习俗。这个习俗中的祭祀对象是带根的四蓬竹，祭司称之为“四位濮老”，祭后的这四蓬竹，栽于村寨的四方路口上，作为保寨竹。濮即苦竹，所以祭祀的四蓬竹称为“四位濮老”，实为四位竹老。

扫寨竹，火烧爆竹驱除疫鬼。

黔东南布依族中，还盛行由寨老主持请竹神驱除“疫鬼”巫术。南北朝时梁宗懔所撰《荆楚岁时记》云：“正月初一，是三元之日也，春秋谓之端日，鸡鸣而起，先于庭前爆竹，以辟山臊、恶鬼。”在火药发明以前，布依族人请竹神扫寨时，火烧爆竹，以竹暴烈的声响吓走给人带来灾祸的自然物鬼。

七、生命竹，对竹子强大生命力的崇拜

竹子生命力顽强，那么如何才能获得其生命力呢？于是，先民们通过仪式，让竹子成为孩子的替身，这就是栽花竹、栽命竹等，实现人竹合一。而摇花竹，则是接触巫术，孩子通过接触竹子而获得其生命力。

栽花竹，苗族人民的生命之竹。

苗侗人民栽命竹，人竹合一求健康

黔东南雷山、丹寨、麻江及黔南都匀、三都等地苗族人民的大堂上，大多供奉有竹枝、树枝，这就是家长为体弱多病孩子“栽花竹（树）”，以祈盼孩子像竹林一样健康长寿。举行“栽花竹”祭祀活动之前，一般要根据孩子的生辰八字择定吉日，专程去约好巫师，准备好必要的祭祀品。再请巫师到“阴间”给孩子“买寿”，挖来两棵金竹栽在堂屋，称为“栽花竹”（李鹏臻，2009）。

栽命竹，仡佬族人民的健康之竹。

黔东南及黔北仡佬族人视竹为图腾和部族的象征，流传着“竹生竹王”“竹生神兵神马”的传说。仡佬族在小儿长到两三岁时，父母要在屋后栽一株竹子，叫“栽命竹”。这实际上是一种感应巫术，盼望小儿能感应到竹子的强大生命力。

摇花竹，接触巫术的崇拜。

在福建、四川、浙江等地的竹农在元宵节的深夜，命小孩单独去竹林选一棵上年长高健壮的青竹，在双手高过头的地方，扶着青竹边摇边念：“摇竹娘，摇竹娘，你也长，我也长，旧年是你长，今年让我长，明年你我一样长。” 这是一种接触巫术，认为孩子接触竹子后，其生命就会受到影响，永远像竹子一样茁壮成长。

八、生殖竹，对竹子强大生殖力的图腾

竹子因繁殖力强盛，被原始部族神圣化，被视为生殖的象征而加以崇拜。先民相信竹子与人是可以相互转化的，认为出生的婴儿是竹子的精灵进入人体的结果，是竹精灵的转世。竹的生殖崇拜包括竹女阴崇拜和男根崇拜，分别为母系社会和父系社会的产物。

花子竹，布依族人民的生殖之竹。

竹子在布依族生殖文化行为上，充当了非常重要的角色。如果妇女久婚不孕，就要到娘家去请竹子花，在小竹杆上糊上纸花，回家后就将竹子花放在枕头下，以促使怀孕。在大部分布依族中，妇女怀第一胎时要举行“改都雅”的仪式，请祭师念诵“谢竹赐子词”，并将祭过的神竹安放在孕妇的居室或床头，保存到超过生育年龄才取下。根据竹子放于妇女枕头、卧室的做法，当为男根竹崇拜。

生子竹，夫人常游竹下能得子。

据《真诰 · 甄命授》记载，东晋简文帝司马昱为会稽王时，求子心切，东晋道教首领陶景宏对他说：“公试可种竹于内北宇之外，使美者游其下焉。尔乃天感机神，大致继嗣，孕既保全，诞亦寿考。

微着之兴，常守利贞。此玄人之秘规，行之者甚验。”据说简文帝因此得子，生孝武帝。根据妇者游于竹下孕的说法，当为男根竹的崇拜。

锦屏翠竹抱村，多子多孙（陈再明 摄）

竹林求子，对竹子生殖神的崇拜。

中国素有竹林求子的习俗，唐《异文集 · 李娃传》记载了唐代长安地区民间向“竹林神”求子的风俗，文中曰：“常闻竹林神者，报应如响。将致荐酹求之。”云南澄江彝族视金竹为祖神，称之为“金竹爷爷”，不孕妇女，需前往竹山求子，向金竹祈拜，晚上就住在竹林附近，以求怀孕。

黔东南侗族地区，有一种古老的竖竹杆求子仪式，巫师表演竖竹、化水、念咒、作符等仪式，最后烧符文放入竹筒水中，让不育妇女喝下（邓敏文，1995）。这大概与各地流行的借竹求子仪式、竹林求子风俗有关。台江苗族有“淋花竹”仪式活动，表演者是全族的中青年男子，各拿一把连枝带叶的竹子叫“叶花竹”，由祭师念《争儿夺女词》，大家在河边抢花竹，淋花竹。黔东南还普遍流行“搭天桥接子”巫术，其中巫师搭天桥用的正子竹子，是竹子生殖崇拜的反映（关传友，2013）。

仡佬族花龙蛋，生殖崇拜

打花龙，借竹生子的游戏。

黔东南仡佬族人在春节期间，要举行“打花龙”的娱乐活动。“花龙”是用竹篾编成比乒乓球稍大的空心球，里面装有一些石子或碎瓦片，使其相撞发声。打“花龙”时男女数十人聚集在固定的花龙坡上，两人一组，男女相互对掷。这种活动实质上是古代仡佬族人借竹生子的生殖神活动在现代社会的变异。

九、竹子审美，生命及品格的赞歌

泛灵、泛美、泛爱，竹子审美三步曲。

这是我国美学家陈弘提出的审美三步曲。竹子审美正是这样，首先是赋予竹子灵魂和意志，让竹子灵魂化、人格化，扩大审美范围；其次是发现美，如岁寒三友、四君子等、七贤士等，是对生命不同品格的讴歌；最后建立爱，由美生爱，由爱及美，苏东坡说“宁可食无肉，不可居无竹”，正是古人对竹子的大爱。

君子比德于竹。在中国传统文化中，竹子空心、有节、坚韧、常青、不畏风霜的自然特征，与中国传统的审美情趣、伦理道德意识发生契合，成为文学艺术中重要的表现题材。中国人向来喜爱竹子，汉字中最美好的字“笑”字，就是根据竹子的形态设计的。《说文解字》对“笑”的解释是“竹得风其体天屈如人之笑”。

松竹梅岁寒三友，刘关张友谊长青。

坚毅不拨的青松，挺拔多姿的翠竹，傲雪报春的冬梅，它们虽系不同属科，却都有不畏严霜的高洁风格。它们在岁寒中同生，历来被中国古今文人们所敬慕，而誉为“岁寒三友”，以此比喻忠贞的友谊。

南宋时画家马远，所绘的松竹梅图称为“岁寒三友图”，松“四季常青”；梅“傲雪挺立”；竹“宁折不屈”。冬季是万木皆凋落时节，而松、竹、梅在严冬仍能保持其生态，年年月月仍旧不变，因此比喻友情长存的意思。

梅兰竹菊四君子，孔孟老庄四圣人。

松竹梅岁寒三友，人世间友谊长青

梅兰竹菊四君子，千百年来以其清雅淡泊的品质，一直为世人所钟爱，成为一种人格品性的文化象征，这虽然是自身的本性使然，但亦与历代的文人墨客、隐逸君子的赏识和推存不无关系。

在梅兰竹菊“四君子”中，竹没有牡丹富丽，没有松柏伟岸，没有桃李娇艳，但竹虚心文雅的特征，高风亮节的品格为人们所称颂。竹坦诚无私，朴实无华，不苛求环境，不炫耀自己，默默无闻地把绿荫奉献给大地，把财富奉献给人间。无论“四君子”，还是“岁寒三友”都少不了竹子，竹子成了高雅君子的象征，独具特色的华夏竹文化也就逐渐形成。

竹林七贤隐逸，诸子百家争鸣。

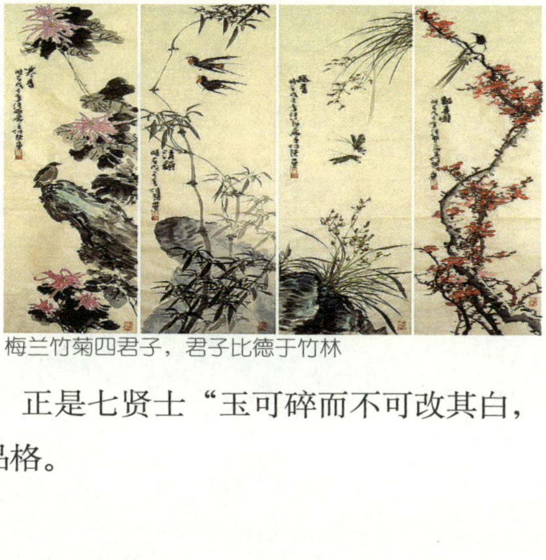
梅兰竹菊四君子，君子比德于竹林

魏晋时期，崇尚老庄哲学的魏晋玄学兴起，中国文坛再现百家争鸣的新气象，是中国文化的第二个春天。“竹林七贤”，正是这个时期文人的代表。竹子刚强正直，宁折不曲，正是七贤士“玉可碎而不可改其白，竹可焚而不能毁其节”的精神品格。

魏晋时期的七位名士，嵇康、阮籍、山涛、向秀、刘伶、王戎及阮咸的合称。他们是当时玄学的代表人物，大都“弃经典而尚老庄，蔑礼法而崇放达”，生活上不拘礼法，清静无为，聚众在竹林喝酒纵歌，以作品揭露和讽刺司马朝廷的虚伪。据国学大师陈寅恪先生考证，西晋末年，比附内典，外书格义之风盛行，东晋初年，乃取天竺“竹林”之名，加于“七贤”之上，成为“竹林七贤”。竹林既非地名，也非真有什么竹林，而是指七人独立于世俗之外高雅品质。

竹林七贤山阳会，刚直不阿讽虚伪

第九章　风水林崇拜，膜拜神祗并祈求保佑

风水林，主要是为保护风水宝地，如村寨、墓地、龙脉、寺院等而栽植的林木。风水林的树种，主要选择家族树、祖先树，如苗族的枫树，侗族的黄杨；其次，配搭避邪驱鬼的树种，如桃树、李树、杏树、梨树、榕树、冬青、菩提树、柏树等；再次，选用适地的用材树种，如松树、杉树、银杏、竹子等。

一、村落宅基风水林，源自社树的祖先崇拜

村落宅基风水林，本质上是祈求祖先树的保佑。

在黔东南地区，村落宅基风水林，主栽树种是社树族树，苗族一般是枫木，侗族可能是黄杨。同时，也配搭一些驱邪避鬼、经济实用的树种，如李树、桃树、银杏等。枫树黄杨是苗侗人民的社树，是祖宗树，祖宗的灵魂在树里，祖宗树当然会保佑子孙福禄安康的。

台江九摆，护寨枫树林（龚校军 摄）

村落宅基风水林主要有三类，一是出口林，主要种植在村落的出口处，保佑子孙出入安康。在村口往往还建有亭、楼、桥、坊、寺、庙、塔、书院等建筑，共同构成出口园林景观。二是寨周林，主要是村寨周围风水林。三是宅基林，主要在宅基周围和庭院里种植的风水林木，主要是护卫居宅和庭院环境。

雷山郎德镇村村寨寨有护寨枫树，民间起房，中柱或中梁必须有一根是枫树，乞望人丁兴旺，但床板忌用枫木。开始教水牯牛犁田，牵牛用的木棒传统树种是枫树（李廷贵、李国章，2007）。

二、寨后龙脉林，保护“龙脉”的林木

依山傍水村寨好，保护龙脉山林多。

“仁者乐山，智者乐水”，苗村侗寨都依山傍水，可谓是仁智双全了。苗乡侗寨，都依山傍水而建，前面是弯弯的小河，后面是连绵的山脉，这全都是林业生产的好地方。根据黔东南苗侗人民的风水观，村寨要建在龙头上，群众称“坐龙头”，寨后连绵的山体是龙脉。苗侗人民笃信，山体是龙脉，土是龙肉，石是龙骨，林是龙鳞，龙脉中的光山、秃山等，会影响龙脉，影响村寨人们的吉祥福祉，龙脉造林能“藏风”“得水”“纳气”，保护龙脉。

苗寨依山傍水，后有龙脉林（雷秀武供图）

榕江计划乡，寨子后的“斗昂”即巨大的古树，关系到本寨的龙脉好坏，是全寨的命根子，寨子中如有人进京赶考等大事，要先去祭拜龙脉树。龙脉树任何人不能砍伐，否则按破坏龙脉处理，罚猪一头，猪头用以祭祀掌管龙脉的土地公，猪肉全寨平分（胡卫东等，2011）。

寨后龙脉山体，仍属村寨范围，理论上仍宜选择社树族树，如雷山郎德、西江等苗寨，村后坡上是一片枫木林。但寨后山脉的土壤等立地条件，比不上村寨周围，树种选择上也呈现适用性的特征，如松木、杉木、竹子等，黔东南东部村寨，后山多为杉木，西部村寨，后山多为松木。

三、村前水源林，守住“龙气”的林木

拦水截风花桥好，留住福祉水源林。

村前溪水源源流去，隘口穿风而过，会把财源带走，会让福气漏掉，要在溪涧上架设福桥（也称花桥、风雨桥），封住财源，在隘口多建凉亭，堵住风口。在河溪水边岸边造林，能减少龙气的流失，保护村寨的福祉。不仅如此，苗村侗寨还有花桥、凉亭、神阁，也是出于同样的目标，以减少龙水龙气的流失（余达忠，2009）。

榕江护岸林，拦截风水（李瑞军供图）

寨前水源林的树种，除选择社树祖树外，也考虑耐水渍等因素，如杨树、柳树、榕树等，都是可选树种。黔东南的顺口溜说：“河里青杨泥里柳，山地要栽楝与松。”

四、墓地风水林，源于殷周时期的“封树之制”

墓地风水林，本质上是保护祖宗的安息地。

古代人墓地植树，主要基于祖先崇拜的原因。培植风水林是子孙后代孝敬祖宗的具体行为，也是祖先灵魂得以安息、生人得以庇佑的宗教活动的外延，还是家族命运好坏的风向标。

陕西黄陵县黄帝陵墓，有古柏树 8 万余株，其中千年以上的古柏约 3 万株，是中国最大的古柏树林。山东曲阜“孔林”，是孔子及其家族的墓地，有古树 10 万多株，相传孔子弟子所植。江西婺源的古杉木群，是南宋理学家朱熹在祖墓所植的风水林，共有 16 株，是国内较为罕见的古杉树群。

墓地风水林，源于殷周时期的“封树之制”。

《周礼 · 春官》载：“冢人掌义冢之地，……以其爵等为封丘之度与其树数。” 冢人是当时管理坟墓政令的官员，根据墓主等级确定植树数量。

西汉时期儒家强调等级礼仪，对墓地植树规定更为明确。《礼记》载：“尊者丘高而树多，卑者封下而树少。” “天子坟高三刃，树以松；诸侯半之，树以柏；大夫八尺，树以栾；士四尺，树以槐；庶人无坟，树以杨柳。”

《汉书 · 祭祀志》载：“富者积土成山，列树成林，台榭连阁，集观增楼；中者祠堂屏阁，垣阙罘罳。”这些祖庙建筑，开创民间墓地园林之端倪。

五、寺院风水林，保护神祇并祈求神祇的保佑

树木，有遮阴、避雨、拦风、藏气等功能，有利于保护寺院及

其供奉的神灵。寺院风水林，本质上是人们在膜拜神祇、敬奉神祇的心理作用下，用来保护神祇的具体行为，并以此祈求神灵的保护。

镇远，青龙洞寺庙林（黔东南州旅游局供图）

锦屏瑶光文昌宫，曾是清水江、乌下江一带的文古迹物和大庙宇，斯庙建于乾隆五年，后毁于山洪瀑发。据当地人说，古庙遭催的主要原因是庙前枫木枯萎，缺乏抵柱，遂于乾隆五十九年地方捐资在原宫后重修了文昌宫，把庙前的深坑填补栽满了枫树，至今郁郁葱葱。

寺院风水林，也为道士们提供了良好的修炼环境。

道教崇信道法自然的原则，追求仙山大川和世外桃源的修炼环境，首选这些“能出云、为风雨、见怪物”的山林川谷。佛教僧徒们则效法佛祖，超脱红尘，潜心修持，必须选择安静优雅的自然环境，以达到涅槃境界。

佛经《坐禅三昧经》云：“闲静修静志，结跏坐林间。”《禅秘要法经》亦云：“出定之时，应于静处，若在冢间，若在树下，若阿炼若处。”可见，僧侣道士们对林木都有一种特殊的亲情，借此创造出一种修持、静修的幽静环境。

第十章　祭树节，祭祀祖树古树的节日

祭祀树木人虔诚，保佑村民神显灵。

祭树节，在我国各民族中都很普遍。森林是人类的摇篮，先民生活在原始森林中，以捕鱼、狩猎、采集为主，森林对他们来说，是必不可少的衣食之源，栖身之所。因此，先民们视树为神，崇拜树木，祭祀树木。费尔巴哈在《宗教本质》中说："人的生命和存在所依靠的东西，对于人来说就是神。"

祭树节，本质上是对社树、古树、龙树、保寨树的祭祀，主要是祖先崇拜的产物。中国各民族素有"民不祭他祖"的风俗，祭祀的必然是祖先，或山神树神。上庙是求神拜佛，但不能称祭祀。几千年来，人民群众与树、山、水等自然物结下了深厚感情，视其为衣食父母，是保护神和祖宗神，定期祭祀。

一、祭树节，对保寨树祖先树的祭祀

苗族视枫树为先祖，有祭祀枫树的习俗。侗族最大的节日是萨玛节，在植有黄杨的萨坛上祭祀萨姆。苗族祭树习俗很普遍，如台江台拱镇小寨村每年农历 2 月 2 日祭树，雷山丹江镇猫猫河村，每年春节大年初一祭树，锦屏钟灵乡高寨村春节时祭树（胡卫东等，2011）。

杨从明在《苗族生态文化》一书中有 12 个典案例的调查报告，包括黔东南台江交下、九摆、反排 3 个村，雷山格头、乌东、毛坪、干脑、猫猫河 5 个村，榕江小丹江 1 个村，以及威宁苏丫、栽树 2 个村，这些村基本上都有祭树习俗（杨从明，2009）。可见，祭树节挖掘的不够，开发的不够，宣传的不够。

瑶光祭枫节，传承千年的苗族枫树文化。

瑶光祭枫节，古朴又神秘。瑶光位于锦屏县河口乡，每年大雪后的第一个辰日，是瑶光苗寨的祭枫节。节日期间，主人要在堂屋中心神龛上竖立两株枫树杈，每株分三叉枝杈，每岔插上枫树球状的四个彩色小糍粑，三岔为十二个，表示一年十二个月，两株共二十四个，表示一年二十四节气。神台左右两边各放一尾田鱼，一坛米酒，悬挂着宽大的芭蕉叶，代表祖先的衣服绸缎（姜述熙，2011）。

锦屏瑶光，祭枫树粑节（胡雁 摄）

郎德祭枫仪式，对祖宗树的崇拜。

雷山郎德镇，是抗清英雄杨大六的故乡，是奥运圣火走过的地方。每年春天都要在寨前寨后种植白枫树，并举行祭枫仪式。正午时分，虔诚的村民便开始举行祭祀仪式。仪式后，是庆典，人们随着铜鼓和芦笙的节奏，围绕刚刚种植的枫树形成一个圈，且歌且舞，周而复始地旋转。

屯寨村祭树节，对守寨树和龙脉树的祭祀。

凯里市旁海镇屯寨村，现存有守寨树和龙脉树120多棵，主要是枫树，其中一棵是全村用来祭祀的对象，传说是第一个来到该村的吴氏先祖曾在该树下休息。每年农历2月2日红蛋节，全村每户要贡献2个红蛋，对守寨树和龙脉树的祭祀，上千个红蛋围个古枫树，场面颇为壮观。每年农历7月7日吃新节，要对古枫树献挂新稻穗（胡卫东等，2011）。

郎德植白枫，祭枫仪式

榕江侗民祭龙树，讨彩头。每年农历二月初二，榕江县车江侗民纷纷到古榕树下进行祭祀活动为新年讨好彩头。榕树，是榕江的

榕江车江，侗民祭龙树讨彩头（杨明周供图）

县树，其枝繁叶茂遮荫蔽日盘根错节，不但是人们休息乘凉的好去处，对固堤防洪更是有着不可估量的作用。榕树在榕江深受人们的崇敬。车江侗民二月二的祭龙，对象不是龙而是龙树即榕树，即把祭祀对象视为村寨守护神的古榕树。祭祀时，向榕树祈求保佑，保佑全寨人等。

白族祭树节，护寨树下的祭祀。

云南碧江洱源一带白族的祭树节，选在白年的前一天清晨，以村寨为单位，各村男女老少在长者率领下，至寨头的保寨树下集合，举行祭树仪式。先是供奉祭品，烧香祭祀，然后主祭人向大树祈祷，祈求祖先树的保佑。而洱源西山白族地区，时间则改在农历年三十晚，各家砍一枝叶茂盛的青松，作为祖先的代表，立在院场中央，每日三餐虔诚祭奠，企图接回祖宗灵魂，共度春节。

彝族祭树节，对松树的祭祀。

云南绕山县彝族举行除夕祭树活动，他们称之为“祭神树节”。这天早晨，人们将村里所有的通道路口，都用荆棘阻拦，在祭处栽一丈多高的松树，树顶插一羊头，又把一头猪送到“神树”前待宰杀。然后开始祭祀。

二、祭龙树节，对龙脉树、祖宗树的祭祀

龙树，主管雨水的龙神载体。

祭龙节，祭的不是龙，一般是对龙树的祭祀。苗侗人民的龙文化来源于山脉龙脉，进而区分出山龙和水龙，山龙主管村寨安康，水龙主管风调雨顺，这与汉族的天龙文化明显不同。苗侗人民将形状如龙、树皮龙鳞状的树称为龙树，定期祭拜，以村寨兴旺，求风调雨顺。龙与苗族祖先同为蝴蝶妈妈下的 12 个蛋所生，可谓是亲兄弟。因此，龙树与祖先树密切相关，这与一些幻象传说有关，如龙树救过祖辈的命，祖先是龙树生的，祖先生活在龙树上等。

雷公山招龙节，集祭祖祭龙祭竹为一体。

雷公山周边的招龙节，招的实际上是竹子，有祭竹、请竹、插竹、栽竹等仪式，但各地差别很大。雷山猫鼻岭村招龙节当天，男女老少都拿着竹子做的招龙旗和招龙小纸人，翻山越岭，进入深山，将竹旗、竹纸人插到山上。然后回村，由鼓藏头先栽下招回的生命竹，然后给生命竹系上麻线，意思是告诉列祖列宗村里家丁兴旺，再给生命竹绑上招龙旗，最后由鬼师和鼓藏头分别祭祀生命竹（李雪，2014）。

仡佬族祭龙节，祭祀祖宗树龙树。

仡佬族祭树，主要流行在黔北六枝、水城等地区，黔东南仡佬族也有。仡佬族祭龙节，农历 3 月 3 日举行，是祭祀龙树，传说仡佬族祖先从天上初到地下时，就住在龙树上，龙树就成了仡佬族的祖宗树。祭祀前，要选一种叫倒毛鸡的树，因为这种树的皮像龙鳞。也可选一有古藤垂吊的大树，呈巨龙腾飞状。

仡佬族祭龙节，祭的是树

壮族祭龙节，祭祀的对象为大树。

壮族祭龙节，一般在农历 2 月 1~3 日举行，分大祭和小祭，小祭杀猪宰鸡，大祭则宰牛。壮族祭龙节，实为祭树节，因为祭祀的对象是树。先在山上选定一棵高大茂盛的大树为祭祀对象，并在草从中挑选新鲜茅草搓成绳索，将大树围拢打结，在树脚搭台，摆好祭品，主祭者念诵经文，化钱三拜九叩。

哈尼族祭龙节，祭祀守寨的龙树。

云南红河南岸的哈尼族，他们有一种十分原始的祭树活动，称为“祭龙”。祭龙是选在每年阴历二三月间的“龙”日开祭，历时三天。这种祭龙，对象不是龙，而是龙树，即祭祀对象是被视为村寨守护神的神龙树。哈尼族每个村寨都有一棵特别高大挺拔的龙树，人们把它当作村寨的保护神。

彝族祭龙树，对生殖之树的祭祀。

云南彝族每年举行祭龙大会，都要选择两棵高大栗树，象征雌龙和雄龙，并举行人龙交配仪式，不育的妇女，向古树祭拜，相传就能怀孕得子。

三、祭山节，对山神古树的祭祀

祭山节，大多是对神树的祭祀。

苗侗人民笃信，日月山川都有神灵。山有山神，庇护森林万物，凡是山林长得好的地方都是山神势力大的地方。山神一般都住在山内的大古树上，有土地庙也住庙内。因此，许多地方盛行的祭山节，其实大多是对山上古树的祭祀。

布依族祭山节，融扫寨祭山为一体。

贞丰布依族的传统节日，是每年三月三的祭山节。祭山活动前，先扫寨。当天上午布依摩师身穿布依长衫、腰束头帕、头戴花格帕子，一手摇师刀、一手持大刀，口中念念有词到各家各户去“扫寨”，意为扫除寨中妖魔鬼怪。“扫寨”结束后就开始祭山神，用宰杀的猪羊作祭品，进行祭山活动。最后，寨老总结全村一年经济社会发展情况，宣读村规民约，然后集体用餐。

梭戛箐苗的祭山节，长青树下的祭祀。

六枝梭戛箐苗的祭山节，是长角苗为纪念山水箐（箐，本为竹林，也泛指森林）的深恩，在每年农历 3 月 1~12 日的龙日举行的活动。祭山节是他们最庄严的节日，由鬼司带领寨中男人，到神山神树（附近箐林中一棵最大的四季长青树）面前杀鸡祭拜，以迄求神灵保佑全寨人无灾无难，平平安安。

四、祭水节等，对水神的祭祀

水族祭霞节，敬祭水族的祖先水神。

三都水族自治县的祭霞节，是中原古代雩祭的遗韵，是人类稻作文化原始巫术最浓重的展现，是水书文化唯一记录的水族重大祭祀活动。水族每隔 12 年的子年秋季举行祭霞节，“霞”是水语“水神”的意思，但祭拜的偶像却是石头，这可能与古时“立石为水”的习俗有关。祭霞节保留着诸多原始的巫术信仰仪式，用黑色的老母猪作牺牲，让穿白衣的“猪郎”与母猪作性媾示意表演，青年在烂泥田中与母猪戏耍斗泥水仗，用酒水浇淋石头霞神，秘密收藏霞神，目的是祈求水神永恒守护血缘氏族的后代。

其他还有，土家族祭风节，12 年一大祭，3 年一小祭，祭场以古枫为中心。都匀坝固苗族祭雷节，在每年春雷响后第二天或第三天举行。

水族，水鼓舞（黔东南州文化局供图）

第十一章　树木禁忌，树木崇拜的反向表达

严格来说，禁忌文化来源于崇拜，有崇拜才有禁忌，二者之间有明显的因果关系。从来源上说，求生本能形成了自然崇拜现象，而畏死本能则形成了巫术禁忌文化。苗侗人民的树木禁忌较多，如禁忌砍伐护寨的祖先树，禁忌砍伐的古树、消灾树，禁忌破坏风水林、龙脉林，禁忌动用坟场、寺院的一土一木等。

一、宅基树木禁忌，不能影响主人的生活和运势

苗族人民喜欢在宅基、村寨栽植象征祖先的枫木，这种祖先树，是祖先的化身，它能够行云降雨，阳光普照，能保佑子孙，六畜兴旺。对这种祖先树，一不能言语不敬，二不能砍伐，以免触犯祖先神灵。

台江九摆，保宅双枫（陈应发 摄）

宅基地选择其他树木，则有多种禁忌。如汉族有些地方有“前不栽桑，后不插柳，院子里不栽鬼拍手（小叶杨树）”的禁忌。桑与丧音近，门前栽桑即为门前栽丧。柳与流音近，不能栽于私宅，否则运气会反转。柳树多栽于寺院、学校等。鬼拍手又名小叶杨，遇风时啪啪作响，如同有人拍手。若天气阴霾沉重，听起来更觉毛骨悚然，故常为陵园墓地树种，种在院中则深为人们所忌讳。

相比以上的树种，桃树与李树、枣树、沙枣树、花椒树的命运则要幸运的多。《山海经》中有“夸父逐日、弃杖化为邓（桃）林”的传说，可见，桃树很早就是一种神树，进而又逐渐被当作镇邪驱恶的神物。《庄子》中有：“插桃枝于户，连灰其下，童子入不畏，而鬼畏之，是鬼智不如童子也。”

宅基地选择树木，还要注意空间配搭。私宅狭窄时，不宜栽柿树、桃树、菽果树、桶树、枣子树、蕃石柳树、李树、柚子树、金橘树、枇杷树等会结果实的树，否则就会与主人争抢果实，而变成凶木。私宅狭窄时，也不能栽会长得比屋顶更高的树，如银杏、樟木、杉木。

二、古树禁忌，爱惜饱吸天地精华的精怪树

苗侗人民认为，任何事物，一旦年代长远就会成精的，更况是有灵魂的古树，所以常以为老槐树、老樟树、老榆树、老柳树中有精灵鬼魅，所以绝对不能砍伐。不仅如此，他们还认为，枝繁叶茂的大树古树，还是是仙家的藏身之所，对此有许多禁忌，如下雨时不能呆在古树下面，要不雷神在击打藏身的妖精时会伤到人。

史书中说，曹操，这位叱咤风云的英雄人物，因伐老龙树而丧身，更何况一般人。《后汉书 · 五行志》曰：“建安二十五年正月，魏武在洛阳起建始殿，伐濯龙树而血出。又掘徙梨，根伤而血出。魏武恶之，遂寝疾，是月崩。”

伐木是有禁忌的。受树木有灵观念的影响，伐木被视为危险的职业，稍有不慎，就会遭到树神的报复。汉族自古以来，伐木是讲究时限的，孟子曰：“斧斤以时入山林。”《礼记》云：“孟春之月，禁止伐木，仲春之月，毋焚山林。”可见，伐木之禁忌由来已久。

丹寨得禄古银杏，枯枝忌采（唐千光 摄）

树木使用禁忌更多。苗族盖房子时，喜欢用枫木作主梁或边梁，因为那是祖宗树，但忌用枫木作床板。苗族崇拜雷神，大凡雷劈过的树木，就不能用来盖房子，或者做家俱。民间还喜欢以果木为门插关，可以防盗。忌讳用楝木做床，俗说，用楝木做床主灭子嗣。

护寨树禁忌砍伐。雷公山地区很多苗寨，都有罚三个120的规定，即120斤肉，120斤酒，120斤大米。在雷山县西江镇麻料村的村规民约就明确规定："凡划定的集体风景树不准任何人破坏，违者罚糯米120斤，肉120斤，酒120斤。"而在西江镇羊排村也东寨风景林保护民约规定："对破坏该寨风景林区的5种行为处以罚四个120的内容，及现金120元，糯米120斤，酒120斤，猪肉120斤，炮响18万响，鸡鸭各1只。"（徐晓光，2005）

三、墓地树木禁忌，宜栽象征子孙兴旺的常青树

一般来说墓地要栽种生命力强、四季长青的松柏之类，人们相信，坟地树木的荣枯反映着亡灵魂魄的安宁与否，同时也象征着死者家族子孙繁盛，后继有人，象征子孙后代兴旺发达。墓地的一草一木，都是禁忌破坏的。

墓地祖宗牛角树，禁止砍伐（雷秀武 摄）

晋张华《博物志》云："秦穆公时有人掘地得物若羊，将献之。道逢二童子，谓曰：'此名为蝹，常在地中食死人脑，若欲杀之，以柏东南枝插其首。'由是墓冢皆植柏。墓植柏，自秦始也。"以上说明，秦时墓地开始种植柏树。

墓地不能栽植果树，墓地树木是祖宗精气所化，禁止被人采摘食用。墓地不能栽棕树，棕与与终音近，墓地种棕为墓地种终，会断子绝孙的。墓地也不能栽柳树和枣树，因为柳树为至阴，枣树为至阳。

墓地树木不能栽的太近，因树根的延伸而搔扰棺木而使后代不安。墓地栽树，最好在距离坟墓三米开外种植，一般是柏树最好。

四、动物禁忌，源自动物图腾的崇拜

动物禁忌，源自动物图腾和崇拜，如稻作民族崇拜与农业生产相关的龙、蛇、蛙、牛等。民间对动物禁忌的方式，或禁食其肉，或禁见其形，或禁闻其声，或禁说其名，或禁杀其体，或忌被其咬。

苗侗人民禁忌伤害鸟及鸟窝。鸟是太阳的使者，作为苗族远古文化的巅峰之作，东夷文化崇拜太阳和鸟，昊者，天上之日也，太昊、少昊本为图腾太阳的取名。少昊的一朝鸟官曾传为佳话，《左传》记载，少昊氏由24鸟组成，历法官五鸟，执政官有五鸠，手工业官有五雉，农业官有九扈。风情万种的楚文化，亦是苗文化的杰作，楚文化也崇拜太阳和鸟，双鸟奉日，是楚文化的标志，法国巴黎博物馆中收藏有象征楚文化的太阳鸟雕刻。也许是受传统文化的影响，苗侗人民禁止伤害鸟及鸟窝，并把爱鸟护鸟的行为规范写入苗族贾理和侗款。

法国巴黎赛努奇博物馆中收藏，象征苗楚文化的太阳鸟

稻作民族禁忌伤害蛇。关于龙，《说文解字》曰："龙，鳞虫之长，能幽能明，能细能巨，能短能长。春分而登天，秋分而潜渊。"突出了龙和农耕用水的密切关系（游修龄，1994）。苗侗人民历来把蛇看成龙的化身，禁忌打蛇。从江县有些地方，看见蛇横卧在路上，还要对蛇祈祷一番，直到蛇走后，才小心翼翼地向前迈步。每年稻谷成熟，收割稻谷或糯禾时，都会祭拜蛇（闵庆文等，2008）。

苗侗人民禁忌伤害青蛙。苗族有祭雷神的习俗，实践中人们观察到，下雨前青蛙的叫声特别大，是青蛙的叫声引来雨水。认为青蛙是雷神，能够呼风唤雨，因此禁忌捕食青蛙。侗族地区，至今仍

广为流着竹跳蛙、蛙生夜郎王的神话。广西三江仍存有夜郎庙，庙前广场是双蛙奉日的雕像。夜郎之名，是取音声，译成汉语当为“蛙郎”。而今之壮语、侗语、毛南语均称蛙为“夜”。可见，“夜郎国”实为“蛙郎国”，一个崇蛙之国（邓敏文，1995）。

侗族人禁忌伤害蜘蛛。蜘蛛在侗语中叫“萨天巴”，而太阳也叫“萨天巴”。侗族人认为天魂在天为日晕，在地时就化为金色大蜘蛛。蜘蛛在侗族人心中地位崇高，崇拜蜘蛛就是崇拜太阳，蜘蛛结网是天魂意志的体现，具有同太阳光芒一样的智慧和力量，可以护佑族人。在侗族地区，蜘蛛还被认为是灵魂物，伤害它们就是伤害魂魄（杨保，1997）。

侗族三王庙，夜郎文化的见证

第十二章　苗药侗药，千古神秘的植物药

近年来，植物药的开发热潮席卷全球。一些过去专注于化学药研究的欧美等西方国家，也开始把目光投向古老神秘的东方传统医药，特别是植物药。几年前，贵州苗族“祖传”的治感冒良药“观音草”就曾流失海外，被国外公司解析出有效分子式组成并抢注专利。

苗族有利用植物药的传统，早在秦汉时期，苗族先民就有用菖蒲、艾叶、雄黄、朱砂辟邪防病的习惯，如每年端午，苗家门上都要挂菖蒲、艾叶，用于辟邪；用雄黄酒、朱砂粉洒房间内外，以防虫兽。苗族大人小孩都鼓欢口含当地的一种苗药苦藤，以预防风湿病。

一、苗药侗药，黔东南植物药的金矿

“苗药三千，单方八百”，黔东南民间传说。

“黔地无闲草，夜郎灵药多”。作为中国四大中药产区之一的贵州，拥有中药资源 4800 多种，其中国家重点保护的药用植物就有 28 种，占全国的 58.8%。

黔东南苗侗人民在几千年的历史长河中，研究和总结的众多的苗药侗药秘方，已被证实能治疗多种疑难杂症，甚至对当前化学药难以治愈的癌症、白血病、哮喘病、高血压、糖尿病、传染病的治疗上有独到之处，以施秉民间的“吴氏降压苗茶”为例，其迅速消除高血压症瘊群的疗效甚至达到神奇的效果。

苗药烧烫灵，是治疗水火烫伤的，效果不错，深受苗侗人民喜爱。苗药烧烫灵配方独特，其精选多味纯天然野生药材依苗族古法秘制而成。苗药烧烫灵配方：草乌、见血飞、紫草、刘寄奴、两面针等。

苗药侗药开发，可谓小荷才露尖尖角。据贵州省中医药管理局统计，近年来贵州调查、搜集、整理的传统苗药侗药等药方近 1000 个，但开发生产的不到 200 个。许多祖传秘方甚至面临失传。

据专家说："苗药跟中药还不太一样，它几乎全是植物药，有其鲜明的特点。我们关于苗药现有的发现，大多是依据民间流传的古方，或者对已知苗药材的研究。但是，研究开发都远不到位，只能算是初加工。"

苗族村寨自治组织，由鼓社头、议老、理老、寨老、活路头、巫师、药师等管理人员组成。苗族善用巫蛊，巫师、药师常是统一的。同时，许多苗族村寨还有药山药田。

两面针，叶面叶背皆有刺（陈应发 摄）

乌东苗寨，后有药山

二、苗族巫蛊，信仰与谣传结合的巫术

巫蛊文化，是欺骗的科学，也是科学的欺骗。

毒药蛊，传说中制造毒蛊的方法，一般是将多种带有剧毒的毒虫如蛇、蝎等放进同一器物内，使其互相啮食、残杀，最后剩下的唯一存活的毒虫便是蛊。蛊的种类极多，影响较大的有蛇蛊、犬蛊、蝎蛊、蛤蟆蛊、虫蛊、飞蛊、金蚕蛊等，放蛊用的是蛊虫及其黏液、粪便或晾干磨成粉末。可见，蛊实为一种有毒物质，或者是有毒寄生虫。

植物蛊，明崇祯十七年（1644年），广东省香山县流行植物蛊疑案。在香山县的山林里，有一种草叫胡蔓草，叶子含有剧毒。当地的莠民常常利用胡蔓草做蛊害人。时有云南人罗明夔到香山县当县令，了解胡蔓草害人的情节以后，就下令：一般人向本县告官的，每人随缴胡蔓草五十枝。这道命令下了以后，胡蔓草也就砍光了。不久，这种毒草蛊便在香山绝迹。

爱药蛊，一般都选择一对雄雌动物，如鸳鸯、水母、交尾中的蛇，一对缠绕的植物，交叉的树木、连生的草、缠树的藤等，象征阴阳两性交合，这是一种古老的模拟巫术，由动植物的交合而影响人类男女的相亲相爱。雷公山周围的苗家妇女很会制作"爱药"的，当地俗称为"粘粘药"，并有一句口谚："得了粘粘药、三年跑不脱"。湘西苗族流传一种"双身"恋药，是用山上一种对情歌有感应的藤子做成的，据说这是一种能迷人心窍的妙物，能把两个异性之身粘连起来。川滇金沙江畔的苗族认为缠树的藤条具有旺盛的生殖力，巫师用藤条替性力衰退的男人治病。

门边菖蒲和艾叶，避邪蛊术（陈应发 摄）

三、接骨水接骨草，苗乡侗寨传奇的神药

接骨水，来自苗族巫药文化的巴代水。

巴代水是湘西苗族一种非物质文化遗产，云南、广西、贵州、重庆等地也广为流传。巴代水是苗族一种神秘的巫医文化，无论是疗伤救治，还是驱鬼除魔、祈求平安、求财纳福等，无不蕴含着苗族巫觋文化的精华。民国年间，花垣县暴发城乡战争，数百伤兵，无药救治，哀嚎连连。人们请来巴代师，化水逐一喷点伤口，流血立止，骨折不久也痊愈，一时传为佳话。

巴代水，来源苗族千古流传的“巴代焚香作揖口念神咒化水，贵妇饮，病除”的故事。巴代所用的就是一碗普通的清水，通过巴代的诀咒加持，叨念比划之后，就能发挥出它神奇的法力和作用的。常用的巴代水有接骨水、化刺水、消肿水、止血水、镇痛水、镇宅水等。

接骨水，苗乡侗寨的骨伤神药。

黔东南苗侗地区，如台江、丹寨、黎平、从江等，许多民间医生擅长用接骨水治疗骨伤，接骨水一喷一敷，骨断骨裂就好了，药效神奇，令人叫绝。在苗族地区，接骨水的神奇事态，举不胜举，很多人都亲眼看见过。笔者在黎平工作时，就多次听见政府办和乡村干部谈起此事，一个个眉飞色舞。

接骨水治骨伤时，还保持着巫术仪式，一般都要念咒烧符，然后放到清水里面，喷洒断骨的地方，再用接骨水打湿草纸后，贴敷在断骨处就行了。接骨水药价低廉，效果突出，深受群众欢迎。

蜈蚣接骨草，忍冬科（吴昊供图）

近年来，接骨水开发呈现加速之态。贵州省都匀市苗药快速接骨诊所的快速接骨药采用祖传秘方，马桑根外皮、水东瓜外皮、杨桃根外皮和细叶荠菜 4 种药物混合粉碎成沫，用 50~60 度白酒调合温热，即可使用（蒙开科等，2009）。

接骨草，民间传说的接骨神药。

各地传说的接骨草，其实并不是同一种植物，有荨麻科的接骨草，别名白龙骨、猢狲接竹、痱痒草、乌骨麻等，有三白草科的接骨草，别名水木通、五路白、白水鸡、天性草、白面姑、白叶莲等。

黔东南地方还流传着蚂蚁接骨草、蜈蚣接骨草的故事，大意是说苗族有个著名的接骨医生，名叫路巴，受蚂蚁或蜈蚣为同伴治伤的启发，发现了接骨草。

四、占里换花草，决定生男生女的神药

占里，中国计划生育第一村。

黔东南从江县，有一个侗族村落叫占里。创造了新中国成立以来两项令世人惊叹的零记录：一是人口自然增长率始终几近为零；二是刑事案件发生率为零。原来这些都缘于这里近乎神话一样的习俗——换花草。

在占里侗寨，几乎 98% 的家庭的孩子均为一男一女，很少有双男双女的现象。真有这么巧合的事情?

其实，这里面有一个近乎神话的秘密隐藏在里面，那就是用一种叫做“换花草”的草药来平衡胎儿的性别。在整个侗寨占里，并非每个人都知道“换花草”的庐山面目，能有资格知道的也就只有一人，这个人被寨里人称为“药师”。并且“药师”通常都是传女不传男的。据有关资料记载，这种现象是自占里人迁来此地时开始的。

换花草能改变胎儿性别，真是不可思议。

据说，当女人生完第一个小孩后，倘若第一个生的是男孩的，那么“换花草”就会让她的第二胎怀上一个女的；倘若是女的，则第二胎也就必定会怀个男孩。“换花草”的配方究竟是怎样的呢？对此，没有多少人愿意回答，也没有多少人具体知道。大多只知道那是一种神奇的药方，一种让他们传承了几百年的平衡整个寨子人口性别的神奇花草。有人说，那是一种藤状的植物，但根部却不相同。

占里换花草，平衡胎儿性别

占里现在的“药师”已经有 72 岁的高龄，名叫吴刷玛。据说她所掌握的药方可以让孕妇只需在短短的 15 分钟之内就顺利地生产，而且目前尚无任何事故发生。占里的“药师”所掌握的药方不仅可以平衡胎儿的性别，让女人顺利地生产，还可以安全地避孕。

传说换花草是一种生长在山上的藤类植物，叶子圆而尖，其根部可入药供人煎服。据一些村民介绍，换花草根部有不同的形状，如果根是横着长的，吃了可生女孩；若是竖着长的，则吃后可生男孩，女人在怀孕的头三个月内吃这种药物就能改变胎儿的性别。

传说中换花草图片，及换花草助孕茶（陈应发供图）

五、秋卡瑶浴，千年瑶浴第一村

在瑶族，有一个神秘而古老的支系，叫板瑶。板瑶主要分布于黔东南从江地区、广西的周边地区。从江板瑶主要居住在西山镇的高脚村、秋卡村，斗里乡的登面村，翠里乡的高华、摆翁、高芒等村。其中最有名的，是秋卡瑶浴。

瑶族是一个承载着千年历史沧桑的古老民族，他们生活的多雨多雾的高山，容易受疾病的侵袭，但奇怪的是，这些瑶族妇女却很少患妇科疾病。原来，瑶族人学会了识别各种草木的性质，利用草木的枝根皮叶花泡澡洗浴，医治疾病，这就是有名的瑶浴。

千百年来，瑶族慢慢地形成了自己的一套民族医药，其中最具代表性的就是神奇的“三天出工”，亦称（三泡瑶药），它是瑶族千年传世古方。瑶族妇女产后洗泡“三天出工”的药浴后，三天后就可以下地劳作。第一天，泡第一泡神奇瑶浴：除异味，去秽气；第二天，泡第二泡神奇瑶浴：缩阴、收腹，修复受损阴道；第三天，泡第三泡神奇瑶浴：迅速恢复体力，提高免疫力。

2008年，在各地申报瑶浴保护项目中，鉴于从江瑶浴的传统理论保健体系，从江瑶浴唯一入选国家第二批非物质文化遗产。目前，从江县正在打造“千年瑶浴”品牌，突出瑶浴的个性化特色，成为洗浴行业的一匹黑马。

秋卡瑶浴，关健是锅内那个黑色麻包

第十三章　石桥造纸，苗族构树崇拜的遗存

丹寨石桥造纸，2006 年 6 月列入首批国家级非物质文化遗产。

丹寨县南皋乡石桥村，至今完整地保留着我国古代造纸工艺。据专家考证，石桥造纸是汉代到唐代这一时期的造纸工艺，距今已有 1000 年以上的历史。石桥造纸，以构树皮为原料。

一、石桥古法造纸，最古老的构树造纸工艺

传说石桥造纸源于蔡伦，石桥村造纸作坊的人家，每年都要择吉日举行盛大活动来祭祀造纸祖师。蔡伦原籍东汉桂阳郡（今湖南省郴州市），属楚国，是苗族先民主要长期居住地区。

《后汉书·蔡伦传》载：“用树肤、麻头、敝布、鱼网以为纸。”石桥造纸所用的原料是构皮麻和杉根，与上述原料基本一致。

明代李时珍所著《本草纲目》载：“蜀人以麻、闽人以嫩竹、海人以苔、吴人以茧、楚人以楮为纸。”苗族历史上曾长期居住在楚地。构树古名叫楮树。

石桥古法造纸选用的构皮麻是喀斯特山地所产，具有纤维均匀细密、成浆率高等特点。在岸边山崖下或天然岩洞里设槽造纸，除了纸焙房外，设有厂房，作坊简易，无污染。其生产技艺仅凭师傅的言传身教世代相传。

石桥造纸园，传承人王兴武（黄晓海 摄）

石桥造纸，纸帘捞纸浆（王钦平 摄）

构树造纸，在苗族地区也很普遍。在网上搜索一下，就会发现四川、重庆、湖南、广西等地的苗族、土家族都用构树造纸，并申请了国家级非物质文化遗产。

二、构树“织绩木皮”，是先民最好的时装

在人类几十万年的历史长河中，纺纱织布还不到3000年的历史。先民们总得找些树皮树叶遮体保温吧，简单的寻找就会发现，构树皮是最好，把构树皮剥成条状，简单编织一下，就是一件原始的衣服。《后汉书·南蛮传》《风俗通》《搜神记》等汉唐文献，都有苗蛮“织绩木皮”的记载。别看不起这原始衣服，人类用了它可能有几十万年，甚至上百万年。

吃饭穿衣，那是农耕民族的两件大事。构树解决苗族先民的穿衣大事，真是功德无量，想不崇拜都难。于是，他们崇拜构树，并祭祀构树。构树，也就成了苗族人民几千年来的图腾树。

石桥造纸，制作花纸（黄晓海 摄）

仡佬族的构皮衣。

2012年第五届国际博物馆及产品博览会上，贵州遵义嘉丰民俗博

物馆展出了一件仡佬族树皮衣。仡佬族是苗族的后裔，该树皮衣距今已有3000多年的历史，它是用楮树（构树的古树名）等树皮制作，是人类“服装活化石”。树皮衣是具有世界性影响的重大发明，在人类学及文化史上有着不可替代的特殊地位。

仡佬族的构皮衣。2012年第五届国际博物馆及产品博览会上，贵州遵义嘉丰民俗博物馆展出的一件仡佬族树皮衣。仡佬族是苗族的的后裔，该树皮衣距今已有3000多年的历史，它是用楮树（构树的古树名）等树皮制作，是人类“服装活化石”。树皮衣是具有世界性影响的重大发明，在人类学及文化史上有着不可替代的特殊地位。

三、构树，苗族人民生殖树的图腾

《苗族贾理 · 开天辟地篇》说：“有嘎达爸爸，有嘎拉妈妈，起自构树下，生育宝妈妈，起自李树下，生夏念爸爸。”嘎达、嘎拉，天地初始神，为众神之父之母。构树在此出现，可能是为获得构树强大生殖力的图腾（王凤刚，2012）。

在苗族神话中，天地间第一个女性宝育妈妈诞生在构树下，第一个男性诞生在李树下。构树生殖力强，诞生育宝妈妈，李树结果实，诞生夏念爸爸。构树和李树，一个管生殖，一个管吃饭。可见最早的构树崇拜，可能是生殖树崇拜。

丹寨祭尤节，祭祀先祖蚩尤用构树叶。

祭尤节，是苗族中的一个叫尤人的部族的传统节日。6000多年来，尤人部族年年祭祀蚩尤，岁岁膜拜先祖，这在全国也是独一无二的民俗。据《苗族贾理》叙述，尤人部族可能是蚩尤的嫡系部族，主要分布在丹寨县长青、扬武、排调、龙泉、兴仁等龙姓苗寨，凯里市舟溪镇、麻江县宣威镇也有分布。因此，这些地方新中国成立前都过祭尤节（王凤刚，2012）。

丹寨祭尤节上，要放九块糯米粑、九条鲤鱼、九张菜叶、九张构树叶等祭品。祭品特别少，每种应该都有独特的含义。构树生殖力强，是生殖树的图腾，构树也可能是苗族早期编织物的代表，是时装树的图腾。

石桥造纸，以构树皮为原料。但由于传统构树产量较低，近年来引入的杂交构树，栽培情况良好。

杂交构树，春栽夏测高度（许新桥 摄）

第十四章 岜沙树葬，同生共死的生命树

从江县岜沙村是一个神奇的苗族村寨。全村共 5 个寨子，371 户人家。全村至今还保留有浓郁的古代遗风和古老的生产方式。岜沙在苗语里意为“草木茂盛繁多”，岜沙苗族崇拜树木。发髻、火枪和古树是这里的“三大宝”。

一、岜沙发髻，秦汉风情折东洋

走进岜沙苗寨，有如置身于古远的原始部落，时间隧道瞬间将人们拉回到数千年前，村民们穿着土法染制的民族服装，深蓝紫色泛着光。岜沙人服饰明显有着“秦汉风俗，魏晋遗风”。

从江，岜沙苗寨（李瑞军供图）

岜沙男人随身带着七件装备：火枪、酒篓、弯刀、烟管、火药葫芦、腰包、花袋。火枪扛在肩上，花袋斜挎背着，酒篓、弯刀其他装备整齐挂在裤腰带上；身着左衽右开圆铜扣黑色高腰衣，直筒大裤脚，光着一双大脚板；面色刚毅憨厚，头顶挽着椎髻，缠着条状头巾帕，活脱脱一个战国武士。

岜沙人的衣着确实像东洋武士。男子头顶有发髻，除头顶外全部剃光，束长发，束辫子，悬腰刀，着肥裤，俨然一个日本武士。

据说这近几年，常有日本友人来寻根问祖，见之顶礼膜拜，折腰致敬，踏遍千山万水，原来祖宗在这里。

岜沙廉刀剃头，光头挽髻（龚校军 摄）

光头挽髻，太阳和树木崇拜的产物。

光头形象，可能是原始先民崇拜太阳神的标志，太平洋一些海岛土著崇拜太阳，剃光头，涂发光的贝壳粉。这与佛教中剃发了却世俗尘缘的含义不同。其实，佛教也与太阳崇拜有关，佛家以“太阳化”的特征来表现佛光，即头光、背光和身光，佛光表现为圆型、放射状以及火焰纹三大特征，都是以太阳为母版。

世界各地部族基本都有太阳神崇拜，最出名的是日本，天皇是太阳神天照大神的后代，因此，日本国旗上有一轮红日，盛行光头挽髻武士。太阳神也是罗马国教众神之一，秃头凯撒就是太阳神的崇拜者。云南拉祜族男女均剃光头，最大的节日叫“扩节”，为“轮回”之意，相当于汉族的春节，这些都能看出太阳神崇拜的遗迹。

为何岜沙男子要在头顶上留一撮“发髻”呢？当地人有两种说法：一是男性的标志，二是象征草木繁多，其实是对树木的崇拜。

二、人树合一，我本一棵树

岜沙人崇拜太阳神和树木，枫树被奉为祖先神，村民们有重大事件发生就要到寨头林的老枫树脚举行祭树活动。在岜沙，爱树、敬树是一种习俗，也是一种习惯，重大的活动和民间节日都在林中举行，青年男女结合的“证婚人”是林中拥抱着的两棵树。

岜沙苗寨，崇拜树木（吴昊供图）

据说，岜沙人的衣装也显示他们对树木的崇拜，岜沙男人头上蓄留的发髻象征着生长在山上的树木，身上穿的青布衣服，象征着那美丽的树皮。

岜沙人说：“人来源于自然，归于自然；生不带来一根丝，死不带走一寸木。”从古到今，岜沙人从不滥伐树木。1976 年毛主席逝世后，爱树如命的岜沙人怀着对领袖的敬仰，请外乡 20 名小伙子伐倒了寨中的“岜沙树神亭”数百年历史的古香樟树，树干送往北京。后来将树根奉为树神，供于亭中。

三、生也一棵树，死也一棵树

岜沙的“树葬文化”，则进一步向我们揭示了岜沙人与树生死相伴的习俗。每一个岜沙人在出生后，他的父母就会为他的生命诞生种下一棵树，或者选一棵小树，寓意他生命的开始。这棵象征孩子的“生命树”，陪伴孩子成长，并祈祝孩子像树一样成材，一辈子正直做人。等孩子稍大，父母会带孩子来祭拜“消灾树”，求取健康平安。

当这个人死了，寨子中的人会把这棵陪伴他一起长大的“生命树“砍下来做成他的棺材，中间剖空安葬死者。死者遗体埋在密林深处的泥土里，再在上面种上一棵小树。这意味着随着死者在世上的痕迹消失殆尽，他的生命将以另一种形式重新开始。没有坟头，没有墓碑，只有这么一棵长青的树，象征着生命还在延续。在岜沙，一棵树就是一个灵魂，越是古老的树就越有神性。

余秋雨黔东南纪行时，大为感慨，写下了《我本是树》一文，文中说：“现在，世界各国的智者面对地球的生态危机都在重新思考与自然的关系，但在这里恰恰没有这种关系。人即是树，树即是人，全然一体，何来关系？这也从根本上改变了人们的生死观念。既然灵魂与躯体都与树林山川全然一体了，那又何来生死？陶渊明所说的‘托体同山阿’，大概就是这个意思。”（余秋雨，2011）

从江，岜沙神树崇拜（陈应发供图）

岜沙，祖宗枫树下的庆典（龚校军 摄）

第十五章 乡规民约，苗侗人民的爱林护林传统

乡规民约护林好，山青水秀人安康。

在黔东南广大苗侗地区，目前仍流行着不是《森林法》，但比《森林法》更管用的乡规民约。乡规民约有村民公约、护林公约、禁赌公约、婚丧省俭等公约，经有关部门倡行，对于促进农村社区的生产发展，维持社会秩序等，都是有一定意义。

一、《苗族贾理》，千古口传的苗族文化法典

《苗族贾理》是一部千古口传的苗族法典，主要流行在黔东南的丹寨、凯里、黄平、台江、雷山等苗族地区，贵州黔南和广西桂北的苗族地区也有传承。2008 年，《苗族贾理》被列入第二批国家级非物质文化遗产名录。

贾理，苗语叫“jax lil”，就是道理、规矩、规则等含义。贾理就是苗族民间世代流传着的口传乡规民约，是苗族社会的法典。大凡苗族社会的一切典章制度诸如鼓社体制、祭祀仪式、农耕时令、建筑营造、造林护林等，直至社会生活中的衣食住行、婚丧嫁娶、言谈举止，以及个人的伦理道德修养、行为规范等，莫不包括在贾理之中（王凤刚，2012）。

丹寨兴仁镇，贾师传贾颂贾（王钦平 摄）

《苗族贾理》，规范造林护林的乡规民约。

非常欣慰的是，《苗族贾理》在贵州黔东南等地世代口头流传。它通过对一个个故事、事件具体而平实的叙述，寓褒贬于其中，让人们领悟苗族最基本的人生观、价值观和文化观，树立评判功罪是非与美丑善恶的依据和准则，从而构建了一套基本准则，在苗族社会生活中发挥了极为重要的作用。

二、《侗款》文化，传统的侗族结款自治制度

《侗款》广泛流行在贵州黎平、从江、锦平、天柱及湖南、广西等广大侗族地区，是侗族人民的自治和自卫组织，类似部落联盟组织。直到新中国成立以前，历代侗族过着结款自治、联款自卫的生活，是一种“有款无官”的社会，因此，侗族社会也被称为“一个没有国王的王国”（邓敏文等，1995）。

从目前收集到的《侗款》来看，各地流行的款约不尽相同，但基本内容都大同小异。如广西三江的《约款法》共18条，分六面阴（重罪类）、六面阳（轻罪类）、六面威（礼仪道德类）三大部分。湖南通道《约款法》共12条，分六面阴（重罪类）、六面阳（轻罪类）两大部分（邓敏文等，1995）。

《侗款》文化，爱林护林的生态制度。

《侗款》有许多林业经营的规则，以规范林木种植和利用行为。森林是人类发展的摇篮，侗族人民与森林有着密切的联系，很早就有“靠山吃山，靠山养山”的爱林护林传统。《侗款》则从多个方面来规范林业生产行为。

黎平双江，宣款讲款（胡光华 摄）

林权地界的确定。黎平《侗款》第十层第十步规定："山间的界石，插正不许搬移；林中的界槽，挖好了不许乱刨。不许推界石往东，移界线往西。""山坡树林，按界管理，不许过界挖土，越界坎树。"（潘盛之，2001）

重视林权纠纷。黎平《侗款》第十三款说："向来山林禁山，各有各的，山冲大、梁为界。瓜茄小菜，也有下种之人。莫贪心不足，过界砍树，乱拿东西，谁人不听，当众捉到，铜锣传村，听众人发落。"

保护森林。广西三江县《款约法》六面威规的六层六部规定，"若哪家孩子，鼓不听捶，耳不听劝，不依古礼，不怕铜锣。他毁山毁林，毁了十二个山头的桐油树，毁了十二个山梁的杉木树。寨脚有人责怪，寨头有人告发，我们就跟他当面说理，我们就跟他当面论罪"（邓敏文，1995）。

保护鸟类。广西三江《款约法》六面阳规的三层三部规定，"若哪家孩子，鼓不听捶。上山偷鸟，下河偷鱼，进寨偷鸡，进田偷鸭。偷瓜偷茄，罚银一两一。偷鸡偷鸭，罚三两。偷根烟袋，罚一两二。偷桃偷李，中是挨骂。偷鸟，每只罚六钱。偷蚱蜢，只须赔油盐"（邓敏文，1995）。

六洞九洞款约好，保护森林离不了。

"六洞""九洞"地区，是指黎平、从江、榕江三县毗连的广大地区。"六洞"地区是现在的从江县贯洞区辖地和黎平县的皮林、顿洞、肇兴等地；"九洞"地区是现在的榕江县加利和从江县的信地、增冲、架里及黎平县的银朝、双江等地。这些地区历来是侗族的聚居区，所处的地理位置较偏僻，是侗族款组织最典型的地区。

从江党扭，祭三村款约碑（李辉 摄）

六洞九洞地区，还流行联款合款。清乾隆二十二年二月初五日，由竹坪、新洞、岩洞、述洞、铜关、宰拱、朋洞、三龙、四寨、坑洞、觅洞、摆东、几炭的款首在竹坪罗汉坡聚会，商讨维护当地社会治安的民间公约，并竖立款碑留存至今。2010 年 8 月 20~23 日，“十洞”十三寨的寨老，从黎平县南部的岩洞、双江、口江、永从、茅贡 5 个乡（镇），齐聚述洞，商量续款事宜。这次续款使古老的侗款文化在新的历史时期焕发出新的生命。

黎平述洞，十洞十三寨续款（杨志勋 摄）

三、文斗六禁碑，爱林护林公约碑

锦屏县文斗上下寨红豆杉、楠木、枫香、银杏等古木成群，树木郁郁葱葱，竹林掩映，流水潺潺，木楼俨然，天人合一。被国内外专家为“中国环保第一村”。是什么让一个地处偏远的苗族寨如此重视环境保护？这都得益于文斗古寨门旁边的“六禁碑”，这块“六禁碑”立于乾隆三十八年仲冬月。碑文曰：

一禁：不俱远近杉木，吾等所靠，不许大人小孩砍削，如违罚银十两。

一禁：各甲之阶分落，日后颓坏者自己补修，不遵禁者罚银五两，与众补修，留传后世子孙遵照。

一禁：四到油山，不许乱伐乱捡，如违罚银五两。

一禁：今后龙之阶，不许放六畜践踏，如违罚银三两修补。

一禁：不许赶瘟猪牛进寨，恐有不法之徒宰杀，不遵禁者，送官治罪。

一禁：逐年放鸭，不许众妇女挖阶前后左右锄膳，如违罚银三两。

在“六禁碑”旁，有一块比“六禁碑”晚立12年的环保碑，碑文专门对文斗村寨附近的林木管理做了具体的规定：“此本寨护寨木，蓄禁，不许后代砍伐，存以壮丽山川。”

300多年来，文斗苗家人恪守林业契约和环保古碑等乡规民约，文斗现在存有110多通很有价值的碑刻，使村寨周围保留了600多株巨大苍翠的古树，树种有30多个，其中不乏国家重点保护的原始次生林红豆杉、银杏、楠木等（周崇先，2010）。

文斗，六禁碑和环保碑（杨胜屏 摄）

四、瑶白摆古节，传承乡规民约的节日

苗侗民族，由于没有文字的记录，传承民族文化和乡规民约的唯一形式，是选择节日或集会，口传心授。《侗款》传承一般在每年三月和九月召开集会，举行“讲款”仪式，由款师宣讲“款约”，称为“三月约青、九月约黄”。

《苗族贾理》的传承形式主要有办班传授、家庭传承和拜师学习三种，并必有一个传授仪式，传授时间一般选在苗历虎月或兔月（农历正月或二月）的月初至十五期间举行，祈望像月亮由缺至圆，愈学愈明。

瑶白摆古节，一摆天理，二摆地理，三摆人理。

其实黔东南地区这样传承文化和规范的集会很多，锦屏瑶白摆古节就是其中之一。瑶白摆古活动“一年一小摆，三年一大摆”，摆古节一般选在农闲时间，没有固定的日子。

摆古内容很丰富，通过说唱形式，大摆开天辟地、先祖先王、民族历史、神话传说、历史事件、村规民约、农林生产、婚丧嫁娶等，以及侗家人关心的人和事，劝勉乡人遵纪守法，加强宗族团结，革除陈规陋习，发扬民族传统美德等诸多内容。

瑶白摆古节也向演艺方向转化。2012 年农历六月初六，贵州锦屏举行了三年一届的“瑶白摆古节”，活动内容有迎宾歌舞表演、摆古传统文化表演、瑶白大戏表演、瑶白杂技表演、斗牛比赛、侗族服饰表演等。

下篇

理性探索，森林哲学

轰轰烈烈的庆典，稀里糊涂的热闹。

大凡节日、庆典、聚会等民俗，都是祖宗传下来的规矩，是一个民族集体记忆，只有深入的理性分析，才能挖掘其中蕴藏的密码。但是，从感性向理性的跨越是艰难的。我们常说“不识庐山真面目，只缘身在此山中”，说明人的认识很难从现象上升到本质，从局部看到整体，从感性跨越到理性。

正如英国思想家伯林曾所说的：“生活大致可以两分：一个是表面的、易于明述的层次；在这层次下面则是意识形态的根基，它通向那些越来越晦暗、越来越隐秘但又四处弥漫着的特征，它们同各种感情和行为密不可分地纠缠在一起，难以辨认。”现象与本质、感性与理性、局部与整体，就这样纠缠在一起。

本文企图从理性的角度，探索分析上述森林文化现象的本质。从人的求生、性欲、畏死三大本能，分析自然树崇拜、祖先树崇拜、消灾树崇拜的形成过程；从人的泛灵思维、幻象思维、互渗思维三种思维心理，分析人与树木之间的万物有灵、万物类我、万物合一的关系；从实用主义、拜物主义的角度，分析得出最有用的就是最崇拜的、最独特的就是最崇拜的规律；从森林哲学，分析人与森林的本末关系、傍生关系。

锦屏，杉木簇拥文笔塔，对杉木实用性的崇拜（单洪根 摄）

第一章　本能文化，崇拜树木

文化是人性的外衣，是对本能的压抑和升华。

文化是什么？这是一个仁者见仁智者见智的概念。中国哲学家黎鸣认为“文化是人性外衣”，认为人性中有光辉的一面，也有丑陋的一方，把光辉的一面彰显放大，把丑陋的一面掩饰起来，这就是文化（黎鸣，2003）。

求生、畏死和性三大本能引发了自然崇拜、祖宗崇拜、巫术崇拜等文化现象。这三大文化要素一旦形成，又对原始文化的发展起到了推波助澜的作用，从此，人类开始生活在自己创造的文化生活中。

一、生命树崇拜，求生本能与自然崇拜

求生本能，引发了树木崇拜和树木神崇拜。

崇拜树木，膜拜树木神。求生本能，需要苗侗人民健康长寿，但生境恶劣，技术低下，生命脆弱，他们则长期处在生死无常的悲惨境地。这就引发了原始人对长寿树木的崇拜，并祭祀树木神，以期望获得长寿健康的保佑。他们健康长寿了，被视为是树木神的保佑，

他们膜拜它，他们生病夭折了，被视为是树木神对犯禁行为的惩罚，他们也膜拜它。

生命树及保公树，正是求生本能的反映。

求生本能，及健康长寿的期望，引发了人类的生命树崇拜，是世界上普遍的文化现象，如基督文明中的圣诞树、佛教中的菩提树、犹太教中的卡巴拉生命树、汉文化中的苟芒及扶桑树等。自然和自然神崇拜，是人类历史上最先出现的文化形式，其产生标志着先民们开始投入了意志存在，从无意识的蒙昧状态向有意识的半开化状态的过渡，从人的自在存在向人的自为存在的过渡。

卡拉皂荚，保公树（陈应发 摄）

雷山方祥乡格头村有一棵秃杉王，胸围 7.6 米，树龄 1000 多年，需 6 个人才能合抱。当地人崇拜秃杉王，称之为“豆机欧”，认为是神树和保公树，并有与之相关的众多传说，如老人与神树、先祖罗公长寿、树神托梦、神树救人等，大多与秃杉神树对生命的呵护有关（杨从明，2009）。

二、祖先树崇拜，性欲本能与氏族崇拜

性本能，人类家庭结构形成的源动力。

世界各地的人类史前文明，不仅有着类似的文化，甚至他们也

组成了惊人相似的社会组织：家庭—部落—氏族—公社管理制度等。这些发现，不得不使人们相信，人的本身存在着一种力量，正是这种力量驱使着人类构建了类似的社会结构。这种内在的力量，就是人类的性本能。

性本能，在家庭、氏族、部落、部落联盟、国家的形成过程中，发挥了组织者的角色。随着性交和生殖关第的发现，人们开始惊叹生殖行为的伟大，产生了生殖崇拜、母系崇拜等。同时，也促进了社会结构的家庭化、家族化、部落化等，进而形成了祖先崇拜，以及象征氏族和部落的图腾崇拜，如族树、族鸟等。

祖先树及生殖树，正是性本能文化的体现。

村村有护寨树、寨寨有祖先树。黔东南苗寨素有“栽活枫木、再建村寨”的习俗，枫树是苗族村寨的图腾树、祖先树、风水树、护寨树，有着神圣的意义。侗族人民素有“未建寨门，先设萨堂”的习俗，萨坛主要特征是一堆泥土一棵黄杨，那黄杨正是侗民膜拜的祖母神萨姆。

台江九摆，护寨祖先枫树（龚校军 摄）

膜拜祖宗树，禁伐枫香树。如台江九摆村周围原有许多古枫树，1959 年砍了大批枫树炼树胶，后来因大饥荒饿死 86 人，但当地群众将此归因于砍了枫树，激怒了祖宗，祖宗报复这些不肖子孙（杨从明，2009）。

三、消灾树崇拜，畏死本能与巫术崇拜

畏死本能，引发了企图超越死亡的原始巫术。

畏死本能是人类所独有的高级本能。从某种意义上说，人类能否从求生本能发展为畏死本能，恰恰决定着人类能否走出纯粹自然状态的蒙昧人阶段从而达到高级的野蛮人阶段。畏死本能是人类的有意识活动与一般动物的纯粹本能活动的根本区别点。

畏死本能，直接导致着人类精神文化水平的不断提高，这就是原始宗教。原始宗教企图通过祭术、巫术、占卜、傩术等方式，祈求保佑、消灾减祸，来达到延年益寿的目标。原始宗教以生死轮回、极乐世界等信仰，来回答死亡等问题，企图实现对死亡的超越。

消灾树崇拜，正是企图越死亡的原始宗教。

苗侗人民爱树，奉信万物有灵，特别是古树老树。古树老树超强的生命力，饱吸天地灵气，是神仙精灵，有着超强的神力法力，可以消灾解难、逢凶化吉。因此，苗侗地区的古树老树，都被当作消灾树、神仙树来敬祭，常年香火不断，拜祭之人络绎不绝。许多地方还有“认树作父”的习俗，把孩子拜寄给消灾树，让消灾树佑孩子一生平安。

从江岜沙，生命树和消灾树崇拜

第二章　古朴思维，爱惜树木

文化是现象，是思维心理的本质表达。

历史长河淹没了那么多人心的活动，历史本身也应当是人的心灵和情感的历史。法国结构主义大师斯特劳斯指出："人类学首先是心理学。"意识决定行为，思维形成文化，因此，苗侗地区的树木崇拜文化，是思维心理决定的。

一、人树有灵，泛灵思维与万物有灵文化

公元1871年，英国人爱德华·泰勒，出版了他最为有名的代表作《原始文化》一书，透彻地阐述了灵魂观的产生和发展，创立了宗教起源于"万物有灵论"的学说。万物有灵论，也称论泛灵论(Animism)，是人类第一个有结构的、带有某种普遍性的思想体系，是宗教的最初形态之一。万物有灵论也表现在未开化的人和发育未成熟的幼儿身上，如"儿童与玩具交谈"，正是这种物活的思维反映（泰勒，1992）。

万物有灵，人树有魂要珍惜。

落花有意，流水有情，神灵无处不在，这就是物活的范灵思维。苗侗人民的思维心理，带有明显的范灵思维特征，不仅认为人有灵魂，日月山河、树木花鸟等都具有灵魂，天地间的一切都由神灵主宰，山有山神，水有水神，树有树神，整个世界都充满了神灵。

其实，在以前的苗乡侗寨，人们最怕的就是鬼魂。天高地远，弄死一个人容易，但鬼魂缠体就完了，因此许多人临死前都说，我做鬼也不放过你。人们敬树爱，与其说是尊敬树木灵魂，还不如说是害怕树木鬼魂的报复。

苗侗人民奉信万物有灵，砍树杀生都有安慰仪式。如雷山乌东村有药山，采药时要先撒一把米，双手作揖并祈求："药草药草莫怪我，我采你去治病救人，治好病人后我还会还你（药渣再撒回药

山）。”雷山毛坪村下套捕野猪和狼等动物前要祈求：“你我同母生同父养（蝴蝶妈妈下的 12 个蛋里有苗族先祖和动物），我们种田种土，你们破坏庄稼，我们只好如此，出下策设套抓你。”（杨从明，2009）其实今天吃新节等收获的庆典，在远古时本为安慰稻花魂的祈求。

古树崇拜，万物有灵论的进化。

万物有灵，但万物的灵魂是有高低大小的。苗族人常说“人大鬼大，树大神大”。万物有灵论内推，祖宗的灵魂最高贵，形成了祖先宗拜。万物有灵论外推，形成了三大神谱，植物系列在苗侗地区枫树、黄杨最珍贵；动物系列在苗侗地区牛、蝴蝶是最高神；天神系列，一般是太阳神，在苗侗地区是雷神最大。

讨彩头的古树崇拜（李瑞军供图）

古树崇拜，正是万物有灵论进化的结果。千树万树都有神灵，但神灵也有大有小。祖宗树的神灵当然是最大的，除此以外，就是古树大木了，常言说“千年的古树成精、万年的古树成神”。

二、人树平等，幻象思维与万物类我文化

幻象思维，万物类我皆平等。

从人类文化心理的发展过程看，先后经过了幻象文化心理阶段、意象文化心理阶段、类象文化心理阶段和道象文化心理阶段。幻象文化心理是指动物向人类过渡时期的文化心理状态，是原始人最早期最典型的思维心理。幻象思维，是一种物我混同、物我不分的神话思维心理，“儿童爱童话”，正是这种神化的幻象思维的反映。

幻象思维，其实是泛灵思维的另一种表达。幻象思维遵循“泛灵论”原则，认为万物都和人一样，有生命、有感情、有意欲，都有精灵存在，这是物我混同的思维方式，也是主客观尚未分化的思维模式。

幻象思维，又有“相似”联想和“接触”联想之分。英人弗雷泽把感应巫术思维归纳为顺势巫术（相似律）和接触巫术（接触律）两种。其中“相似律”就是根据人与物的相似而建立相似联想，而“接触律”则是根据事物间的接触，建立接触联想。相似联想和接触联想，都是幻象思维的表现，缺少科学依据。

苗族树寨选址，万物类我思维的应用。

村寨选址，是苗族社会的重大事件，其根据可能不是汉族的风水理论。苗族人认为，动物喜欢去的地方，也是人喜欢的地方，一定是福地；或者植物长势好的地方，也是人畜兴旺之地，一定是宝地。这其实是万物类我思维的具体应用。

苗族寨址选好后，还要栽植枫树试验，枫树活则定址，枫树死则再选。这是枫树类我思维的应用。除枫树试验占卜外，也有用杉树、竹子等植物试栽占卜的，这三种方式在黔东南比较常见。其他占卜形式还有鸡卜、鸭卜、蛋卜、鸟卜、米酒卜、刀卜、结草卜等。

选址动物喜欢之地，动物类我思维的反映。

榕江怎猛苗寨，选址在水牛常去洗澡的水塘边；雷山丹江镇乌东村，选址在野鸭身上带的浮萍之地；松桃磐石镇水尾苗寨，选址在猎人关得了一只母虎之地；松桃孟溪镇头金城苗寨，选址在狗叼祭肉所到之处；三都排烧苗寨，选址在猪常去那吃食之地；松桃大路乡后洞村，选址在马常去吃草之地；三都羊吾村，选址在撵山狗经常冲洗的水塘；云南嵩明阿子营乡龙嘴石苗寨，选址在水牛常去吃草之地（麻勇斌，2012）。

猫猫河苗寨，选址老虎出没的地方

选址植物茂盛之地，植物类我思维的反映。

剑河柳富村，选址在满坡遍岭都是蕨草之地；松桃磐石镇臭脑苗寨，选址在一堆凸现于山顶像狮子的石头旁；榕江空申苗寨，选址在一处如牛形的地方并松树倒栽成活；榕江者猛苗寨，意为枫树村，新中国成立初期这里荒载人烟，由于长有高大枫树，苗民纷纷迁来定居；贵阳垒庄机场旁边的大黑石苗寨，选址在大黑石四周长满巨大的相互依偎的树边（麻勇斌，2012）。

寻求异象，建村立寨占为己有。

总之，苗族村寨选择是幻象思维的结果，核心是“万物有命，万物类我”。苗族人笃信，动物、植物甚至非生物中，必然有许多神性魅力的异物和异象，它们必定存在着非凡的生命力，接近、追随或是模仿它们，就会得到它们的庇护与帮助，能够分享它们独特的生命异力，从而使自己在与它们类化或亲和的过程中，获得非常的生命力。在这样的接触巫术逻辑下，所有的选址活动，都追求奇异，占为己有。风水理论作为苗族村寨选址方式之一，是随着汉文化对苗文化的影响而逐渐加深的。

苗族巫蛊，幻象思维的结果。

《山海经》中许多神药，都是幻象思维的产物。《山海经·南山经》中记载一种名字叫“类”的兽，据说其状如狸而有髦，“自为牡牝，食之不妒”。用现代的话来说，“类”雌雄同体，这样的动物自然不存在嫉妒的问题，根据幻象思维，吃了这样的动物就可以使人没有嫉妒之心。又如《山海经》中说沙棠，“可以御水，食之可以不溺”。郭璞注：“言体浮轻也。莎棠为木，不可得沉。”这种联想的方式是，莎棠木不会沉水，那么人吃了它也就不会溺水。

苗族爱药蛊术，并不是春药、伟哥之类，而是幻象思维的产物，入药的是恋伴的动物、相连的树木、相伴的花草等。如明末徐尚书《良彦随风录》中记载：“贵州青浪卫，山间产相连草。苗妇于高山长歌连日，歌淫心荡，有草飞来入怀，置衣袂间，令人相思欲死。相离草，投饮食中，令夫妇参商。又草名痴汉药，淫妇以食其夫，妇醉梦，绝无妒心。”锦屏与天柱交界一带的青浪山区，有一种丛生的“相连草”，附近苗妇用来蛊媚男子；又有一种伴生“相离草”或称为“痴汉药”的草，则是苗妇们常用的春药。

三、人树合一，互渗思维与万物合一文化

互渗思维，也称关联思维，它无处不在。

法国人类学家列维·布留尔在其著名的《原始思维》一书中，提出原始人的思维是一种以集体表象为形式、以互渗为规律、神秘的前逻辑思维，几乎垄断了学术界这类的研究（布留尔，1981）。

互渗思维，也是中华民族的偏好。中国古有很多同类相感、同

类互渗的事例，如祭天求雨、滴血验亲、方相门神等，及中国哲学中的“天人合一”思想，老子的“道德合一”思想等。中国的《易经》《道德经》就是集这种思维的大成。

人像互渗，蚩尤方相和傩术文化。

“互渗律”指出，在初民的思维观念中，形像占有着原形的地位并分享其属性。布留尔在《原始思维》曰：“在中国人那里，像与存在物的联想不论在物质上或精神上都真正变成了同一。特别是逼真的画像或者雕塑像乃是有生命的实体的另一个我，乃是原型的灵魂之所寓，不但如此，它还是原型自身。”（布留尔，1981）

肇兴牛装，获得牛力量（朱卫平 摄）

蚩尤，可能是中国最早的方相师。蚩尤人为制造恐怖狰狞的形象，用来恐吓战争对手。蚩尤死后，黄帝还用其来安邦治国。据《龙鱼河图》记载，“蚩尤殁后，天下复扰乱不宁。黄帝遂画蚩尤形象，以威天下”。

人鬼互渗，苗族的感应巫术文化

苗族人相信，人与万事万物都有灵魂，二者可通过神秘的方式来彼此参与、相互渗透。而巫师正是这种连接人与神、物性与神性的中介。互渗思维，成为苗族社会感应巫术、模仿巫术、咒诅巫术等盛行的根源。

肇兴巫师祭祖，人鬼互渗（朱卫平 摄）

苗族巫师，作为连结阴阳两界的使者，据说巫师在过阴时可以进出阴曹地府，用不同方言、语种与鬼神通话交流，还可以与已故的亲人对话，了解阳间人的身体状况和其他情况，具有操纵鬼神、主宰祸福的能力。

人树互渗，人树合一及生殖崇拜文化。

布留尔的互渗思维与互渗率，很好地解释人树合一的现象。人和替身树之间的神秘结合，人也能获得树木强大的生命力和生殖力。苗乡侗寨人树互渗、人树合一的现象是很普遍的。例如黎平的十八杉、老庚杉，雷公山麓的栽花树。岜沙同生共死的“生命树”，出生时栽一棵，死时则砍下做棺木。

树下嬉乐，获得树的生命力（陈应发 摄）

树草下聚合，崇拜生殖力。如大禹在社台桑树下行夫妻之道，东晋简文帝竹下居住生孝武帝，是生殖崇拜的感应巫术。如空申茅人节的现存节俗，仍保留着较为古老的歌舞狂欢与男女春嬉的印记，尤其是允许已婚妇女上茅人坡与人交往的古俗，体现出古代春嬉活动时对性放纵容忍的折射，是对茅草生殖崇拜的体现（刘必强，2008）。

获得树木生殖力的习俗还有不少，如苗族爬坡节，花前树下的恋爱；从江岜沙人婚礼，要在树下举行；侗族的竖竹求子仪式；苗侗地区“搭桥接子”巫术用的竹木；雷山以竹替龙的招龙节；台江的“抢花竹”活动；《苗族贾理》中说苗族的先祖生于构树下，等等，这些都是为获得构树、竹子等树木强大的生殖力。

树土互渗，社必植树的社树文化。

按古代习惯，祭社之处必植树。树木是土地生产力的表现，树木有强大的生产力，社必植树，以树木生产力，影响提高土地生产力。刘向《五经通义》曰：“社皆有垣无屋，树其中以木。有木者，土主生万物，万物莫善于木，故树木也。”

桑梓二木，作为古代有名的社树，演化故乡和祖国的意象。如《后汉纪·明帝纪上》曰：“中国者，先王之桑梓也。”柳宗元《闻黄鹂》曰：“乡禽何事亦来此，令我生心忆桑梓。”王维诗曰：“谢病始告归，依依入桑梓。”李德裕诗曰：“永怀桑梓邑，衰老若为还。”

桑树，曾经是商朝之社树。《吕氏春秋·顺民》曰：“汤乃以身祷于桑林。”《帝王世纪》则云：“汤祷于桑林之社。”《吕氏春秋·本味》云：“伊尹生于空桑。”这些史籍表明，桑树是商朝之社树。商朝灭亡后，周武王封商王后裔为宋国，仍以桑林为社树。《吕氏春秋·慎大篇》曰：“武王胜殷，立成汤之后于宋，以奉桑林。”因此，有学者认为商朝，本为桑朝，是以社树得名的。

梓树因名称不固定，情况较为复杂。《史记·伍子胥列传》记载：伍子胥被吴王夫差赐剑自刎前，曾对使者说过这样的话：“必树吾墓上以梓，令可以为器。”也可能梓树是吴国的社树，为表忠心之语。

人地互渗，社祭欢合文化。

今天的人们，已经很难理解为什么先秦时期，各国祭社时会有大规模的性派对。国王祭社，那是与战争并列的大事，怎么会有后世儒家眼中伤风败俗之事。其实，社祭欢合活动，其理论基础是男女欢合，能提高土地生产力。

杨琳在《社之功用考述》一文中说：“早期祭社时盛行‘合男女’之俗。”《墨子·明鬼》曰：“燕之有驰祖，当齐之社稷，宋之有桑林，楚之有云梦，此男女所属而观也。”郑玄注之曰：“属犹合也，聚也。”陈梦家解释说：“属者，合也，谓男女交合也。”

当时祭社，最有轰动效应的合男女，当属楚之云梦，风情万种的楚文化，真是名符其实。宋国在桑林祭社时，有男女戏谑欢合的风俗。齐国祭社时，有轰动一时的“尸女”，这是一种社祭时与男人交媾的职业。燕国祭社时，有举着象征生殖器的模型游行（驰祖）的风俗。而青年男女有相约去“观社”风俗。

人天互渗，祭天求雨文化。

祭社合男女，轰动一时，但与祭天合男女相比，就是小孤见大孤了。古人笃信，男女欢合，能影响天地交合，以降甘露。《道德经》云：“天地相合，以降甘露。”道教经典《太平经》云：“男为天，女为地，阴阳交会，乃致时雨。”

董仲舒在《请雨法》中记载，女巫求雨过程中要全裸“曝巫”“相合”，直到天下雨为止。因此，董仲舒在《春秋繁露·求雨》中，提出大汉王朝的求雨国策：“故求雨闭诸阳、纵诸阴。”“令吏民夫妇皆偶处。”

董仲舒说到做到，他在江都国（今扬州）任国相时，举办了一次让中国人啼笑皆非的求雨仪式：第一天关南门，城乡所有南门全关上；第二天禁用火；第三天纵欲，“令吏民夫妇皆偶处”；第四天还真下雨了。

这是中国古代影响最大的一场求雨仪式，《史记》《后汉书》均予以记载，并强调，要在全国推广。《史记》中这样写道：“以《春秋》灾异之变，推阴阳所以错行，故求雨闭诸阳、纵诸阴，其止雨反是。行之一国，未尝不得所欲。”

当代大儒季羡林在《原始社会风俗残余——关于妓女祷雨的问题》一文中说：“如果久旱不雨，官员启奏皇帝，皇帝就命令妓女祷雨。”以妓女代替女巫，也许妓女性事多，更能影响天地交合。

第三章　使用价值，感恩树木

使用价值，最原始的价值观崇拜。

使用价值、信仰价值、个体价值，人类价值观进化的三大天梯。人类的价值崇拜，从使用价值开始，宗教出现后有了神权价值，人类愿为神献身，国家出现后，为国捐躯占了主导。而当代的价值回归思潮，人们开始关注个体价值。

黔东南地区的树木使用价值崇拜，是最原始的价值观崇拜，这与中原汉族"忠君爱国""饿死事小，失节事大"的信仰价值崇拜相比，是最原始的价值观崇拜。

一、实用主义，最有用的就是最崇拜的

原始崇拜，对衣食父母的实用性崇拜。

原始崇拜，是人类文化形成的标志。但进一步分析原始崇拜的对象和强度，就会发现原始崇拜绝不是那些与现实生活毫不相干的事物，而是关系密切的生存需求的表达。哲学大师费尔巴哈说："人的崇拜对象，包括动物在内，所表现的价值，正是人加于自己、加于自己的生命的那个价值。"

分析世界各民族的图腾崇拜，就会发现一些实用性的规律，如草原民族崇拜羊，农耕民族崇拜牛，沿海民族崇拜鸟。

树木，黔东南人民的生存之本、衣食父母。

几千年来，苗侗人民生活在这片森林王国里，抬头是林，低头是树，寨中的护寨林，是保护他们幸福安康的祖先树；寨后的杉木林，是修建他们居了几千年的吊脚楼的木料；杉木林后的桐油林，是吊脚楼和家俱的油漆；桐油林后的油茶林，是他们食用油和打油茶用料；当然，这些木材和果树，也是出售变现、补贴家用的好商品。因此，他们感恩树木，爱护树木。

耕牛，苗侗人民的好帮手（杨志勋 摄）

黔东南人民最崇拜的是牛和杉木。苗侗人民是传统的稻作民族，而牛正是稻作文化的顶梁柱。牛还是苗族祖先蚩尤形象的化身，因此，苗寨挂牛角，吹牛角号，喝牛角酒。其实，宗教意义上的祖宗树崇拜，也要与实用性结合，苗族的祖先树枫树崇拜文化仍相当浓厚，苗村苗寨都有高大的枫树，但侗族的祖母树黄杨崇拜已经失落，目前仅限于萨坛栽植。

二、拜物主义，最独特的就是最崇拜的

原始崇拜，对树木特殊性的崇拜。

拜物主义，也称拜物教，是原始社会中最早的宗教信仰形式之一，后比喻对某些事物的迷信。在神灵观念尚未产生以前，一些原始部族以为许多物体如石块、木片、树枝、弓箭等具有灵性，并赋以神秘的超自然的性质，以及支配人的命运的力量。但若崇拜者感到不灵验时，又常将其舍弃或毁坏。其实只是人脑的产物，却成了支配人的力量，从而形成了拜物教。

拜物主义在古埃及、希腊、罗马曾广泛流行，崇拜的对象通常包括人体、物体、神像和护身符等四大类。至今在某些尚未完全脱离原始状态的居民群落中依然存在。在文明社会中亦还存在对护身符和圣物、圣人遗骨的崇敬现象。

拜物主义对物体独特性的崇拜，并不是对物体灵魂的崇拜，不是万物有灵。例如对护身符的崇拜，崇拜其有灵性，但不认为他有

灵魂。英国人类学家、万物有灵论的创立者泰勒认为，拜物主义是万物有灵论的一种退化的形态，专指信仰并崇拜依附于某种物体神奇力量。

万木不如杉，万树不如桐，对树木独特性的崇拜。

杉木材性优良，吊脚楼首选（朱卫平 摄）

苗侗地区流传着“万木不如杉，万树不如桐”的谚语，反映的是对杉树、油桐的独特性崇拜，如杉木有不易变型、不易虫蛀、不易腐烂等特性，崇拜的是这些特性，这与对杉木有灵魂的崇拜完全不同。

清水江流域真是块风水宝地，它不仅是贵州杉木和马尾松的中心产区，也是油桐生长的好地方。在农业文明时代，桐油是必不可缺的油漆，也是家庭零用的来源。苗村侗寨的山后，必造有杉木林、油茶林、油桐林这三大树种，杉木盖房子，油茶是食用油，油桐用于油漆。至今在苗乡侗寨的后山，杉木、油茶依然郁郁葱葱，油桐还能看到少数老树和树桩。

清水江流域，老人们至今还吟唱着颂桐歌谣：“桐子树，摇钱树，哪家栽，哪家富；吃桐山，穿桐山，用钱也靠桐子山。”

笔者创作本书时，正好有一朋友在吃板栗，朋友大呼小叫，这味道真棒，真奇怪，怎么会有这种东西。其实，这是对板栗独特品味的崇拜，再进一步的话，就会认为板栗有神性了，就成了拜物主义了。

第四章　森林哲学，森林为本

森林哲学，源自原始宗教哲学。

森林哲学，是关于人类与森林关系的终极思考，它源自原始宗教和原始神话。森林哲学，认为森林是主体，人类是由森林派生的，是森林的一部分，是第二位的，要以森林为本，要傍生森林。森林与人类的关系，是森林的本体性哲学，也是人类的傍生性哲学。

一、森林本体论，森林为本人为末

本体论也称形而上学，是研究存在本体的科学。综观人类哲学的发展史，先后出现过三种本体论，这三种本体论在苗侗文化中都有丰富的表达。一是本原论，主要回答世界和人类是是怎么来的？二是存在论，回答世界存在有什么共性？三是伦理学即行为本体论，主要回答人类行为的根据是什么？

本原论，世界及人类来源的远古神话。

森林是人类的摇篮，是苗侗人民的衣食父母。关于人类的起源，苗族人没有不知道枫树心心生蝴蝶，蝴蝶妈妈生出苗族先祖的传说，而枫树又是浸染蚩尤鲜血的桎梏幻化出来的。侗族地区也流传竹生人的传说。此外，苗侗人民还有让孩子结拜古树、“认树为父”习俗。

存在论，世界万物共性规律的探索。

存在论的核心，是关于存在共性的探索，以便指导人类的实践。苗侗神话中，都有许多关于因果规律、生殖规律、生态规律、人兽分离规律、血缘婚规律等认识。苗侗神话中都有人类先祖与狼、虎、龙、蛇、雷等和平相处，后竞技比赛，实现人兽分离。苗侗神话还有大洪水故事，内容大同小异，说是大洪水后只剩兄妹两人，兄妹开亲生下怪胎，反映他们已认清了血缘婚的规律。

价值论，人们行为的根据和本体。

狭义的本体论，仅指价值论，探索人类行为的根据和本体。求生本能需要人们最大限度地开发利用自然，但由于生产技术的落后，人们反而处处受自然的胁迫，成为自然的奴隶。因此，苗侗人民在对自然的态度上，表现出敬畏自然、崇拜自然的特征，实践上表现出顺应自然、道法自然的特点。

老子《道德经》，首创中国也是世界哲学本体论。

老子是本体论大师，老子的《道德经》首创中国哲学本体论。老子的《道德经》可用16个字概括：一是道生万物，阐明了世界本原；二是道常无为，自然界谁也没对他做什么，万物生机有序，阐明了世界普遍规律是无为；三是道法自然，提出了“天道决定人道，人道服从天道”的行为规律；四是无为而治，几乎占了一半篇幅，无疑是《道德经》的核心，人类行为根据是道法自然，而自然规律又是无为，其逻辑结果就是无为而治。

森林为本人为末，祭山祭水祭自然神。

水族霞节，霞意水神，祭的却是石头

森林本体论来自原始宗教，是苗侗人民对森林态度的最终思考，反过来，它又是指导苗侗人民宗教活动的利器。苗侗人民视山水林地等为神，人们虔诚的膜拜在神的脚下，他们祭山祭水、祭天（祭龙）祭地、祭雷祭风、祭树祭牛、祭火祭石等。苗侗地区，一个神话的世界，一个祭祀的王国，一个百节之乡。

感恩自然，向自然神谢恩。感恩自然，是它孕育了世间万物，也孕育了人类，它是人类的母亲，万物的始祖。苗侗人民是懂得感恩的民族，认为一切生命都是自然神的赐予，一切食物都是自然神的造化，只有知恩图报，生活才会幸福祥和。感恩自然，向自然神谢恩，日月星辰是天神天帝，山水林地是衣食父母，因此，苗侗人祭天祭地，祭山祭水，祭祀自然万物之神。

二、森林傍生论，傍生自然和谐共生

傍生自然，“森林为主人为客”。

自然是神圣而又伟大的，而人类只不过自然界和森林的一部分，人类要以自然为主体，傍生自然，决不能临驾自然之上。森林为主人为客，人们要摆正人在自然中的傍生位置，要记住盘古开天、马王开地是“先造天地、后造人群。

现代人流行傍大款、傍富婆、傍老外，而大山深处的苗侗人民却固守着傍自然的情怀，据说这是他们老祖宗传承下来的传家宝。苗侗人民很傻吗？其实未必，中国哲人说“人生难得糊涂”，城里人又风行起了回归自然的田园生活，这不正是他们傍生自然的生活吗？

正因为如此，苗侗人民才有了这样的说法：“山林树木是主，细脖子阳人是客。”在苗侗人民看来，人诞生于天地自然，人依傍天地森林而生。正如德国哲学家海德格尔曾用“诗意的栖居在大地上”的诗句，表达了人类要仰望自然、傍生自然的生活。

傍生自然，视花草树木为兄弟姐妹。

仰视自然，自然是神圣伟大的。我们要遵守自然的规律，怀着一颗感恩的心去发现、去探索无尽的大自然，自然界包括了世间万物，人类只不过是其中之一罢了。自然界的万事万物，一切植物动物，都是人类的兄弟姐妹，我们决不能凌驾自然之上，善待大自然的每一样事物，善看大自然的每一个景象。

图腾神话，视动植物为同源兄弟。

图腾神话，作为一种原始意象，它蕴含着民族远古时代的记忆和信息，是民族的神性之源，价值之源，也是一个民族行为表达的潜在密码。我国著名的图腾词人南永前说：“远古时代的氏族图腾意识，它不是已销声匿迹的历史烟云，它融进现代人意识的浪花随处可见，并对未来还将有着不可低估的影响和作用。”

苗族图腾神话中，枫树是创世之神，而枫树又浸染祖先蚩尤鲜血的桎梏幻化出来的。枫树创世神话说：远古的时候，枫树心生妹榜妹留，即蝴蝶妈妈，枫树枝生出吉宇鸟，枫树根生出了铜鼓。蝴蝶生下十二蛋，孵育出了苗族的先祖姜央（即姜尤），以及龙、虎、象、蛇、水牛、蜈蚣等十二兄弟。

侗族创世神话说，龟婆孵出了世界上第一个男孩松恩，第一个女孩松桑。松恩松桑开亲后生下王龙、王蛇、王虎、王雷、王蜂、啄木鸟、熊、猫、鹅、姜良、姜美、王素等 12 个兄妹。

而苗侗的再世神话，大同小异，大意是说：大洪水之后，人类灭绝，只剩下葫芦兄妹二人，兄妹不得已开亲结婚，婚后生下怪胎大肉球，剁碎大肉球分成九块，撒向九个方向，分别变成了植物、动物及多个民族。

村寨布局，山水林田天人共生。

苗侗人民傍生自然的思想，不仅体现在图腾神话中，更体现在生产生活中，这就是村寨布局及生产生活的安排，让人们融入山水林田之中，实现天人合一、天人共生。

“仁者乐山，智者乐水”，苗村侗寨都依山傍水，可谓是仁智双全了。村寨是人们生产生活的场所，依山傍水而居，是苗侗人民历史形成的生态经验，是历史认同的理想环境模式。这种依山傍水而居的格局，坚持结合自然地形，不破坏自然形势的原则，明显带有盆地农业文化生态节制的典型特征。

依山傍水的居住格局，体现出明显的生态节制，使整个苗侗村落环境显出一种紧凑感，即田园、山水、林木、道路、村落、人家是一个整体。在苗侗人民看来，村落不是一个抽象的概念，是由田园、山水、林木、道路、坟场、木楼、鼓楼等构成的物理空间，是一种文化的隐喻形式和表达形式，而这种隐喻和表达的理念就是生态和谐（余达忠，2009）。

南花苗寨，依山傍水，天人共生（李瑞军供图）

附录

历史双绝，百年荣耀

“一江木植向东流，世界列强用洪油。”

这是对黔东南林业辉煌历史的高度概括。世居清江两岸的苗侗人民，对故土家园的眷恋，对山水的情怀和气度，对契约法制精神的追求，造就了锦屏文书、洪油史话这两大精神文化遗产。

锦屏文书，穿越五百年的木商文化遗产。明正德年间，朝廷开始在锦屏征“皇木”，拉开了锦屏文书的序幕。各地民商闻风而动，木商云集，穿梭于道，崇山峻岭间，坎坎伐木之声响彻云霄。官商“皇木”，民商“民木”，木材贸易，双轮驱动，林业生产空前繁荣，留下了大量林业契约，今天我们称之为“锦屏文书”。

洪油，源自桐油而高于桐油的神话。洪江人民，别具智慧，改良秀油，创造了一个离奇的神话，造就洪江古商城的崛起。清水江、沅江流域生产的桐籽及桐油，随着滚滚的江水，汇聚洪江古商城，经加工提练，制成商品“洪油”，再沿沅江入洞庭，沿长江进入江浙，走俏在东南沿海，远销欧美等国家，享誉国内外。

黎平仙女杉，采集皇杉的遗留（谭甫辉 摄）

附录一　锦屏文书，世界最早的人工林产业

锦屏文书、敦煌文书、徽州文书，学界并称中国三大文书。

近年来，新闻界热炒“锦屏文书”，贵州省先后投入近千万元专项资金抢救“锦屏文书”。2012年，有关部门摄制了六集电视纪录片《锦屏文书》，分为契约概览、苗疆开发、苗木出山、木材时代、文斗现象、历史之约六集。从此，国内外掀起了一场锦屏山林契约文书研究热潮。

“锦屏文书”，是以锦屏林业契约为主要内容，主要是明清时期林地租佃、树木栽植、木材交易等契约。2006年以新的“锦屏文书”概念，取代原先“锦屏林业契约文书”的概念，把锦屏周边清水江中下游地区的三穗、剑河、天柱、黎平四县统一纳入“锦屏文书”的抢救保护范围。

一、锦屏文书，五百年“皇木”征集历史

锦屏文书，见证了以锦屏为中心的清水江流域林业的辉煌历史。世居清水江畔的苗侗人民“开坎砌田，挖山栽杉”，创造了我国南方

著名林区500年人工种杉历史，孕育了“杉木之乡”辉煌的木材时代和清水江悠久的木商文化。

据《明实录 · 武宗政德实录》记载：明正德九年(1514年)，“工部以修乾清宫、坤宁宫，任刘丙为工部侍郎兼右都御史，总督四川、湖广、贵州等处采取大木，而以署中主事伍全于湖广，邓文璧于贵州，李寅于四川分理之”。邓文璧来贵州锦屏县内采集“皇木”，从而拉开了锦屏文书的序幕。

明朝征集“皇木”，主要集中在嘉靖、万历两朝。《明纪卷 · 三十二》载，嘉靖二十二年（1543年）“工部侍郎潘鉴，都御史戴全分住湖广、四川采办大木”。嘉靖三十六年（1557年）以“遣工部侍郎伯跃采木于川、湖、贵”。

万历年间，乾清宫等先后着火，急需修复。据《明实录》载，万历十二年（1584年）、十四年（1586年）、十九年（1591年），分三批派员向贵州、四川、湖广采办“皇木”。

锦屏文斗，林业契约（杨胜屏供图）

明朝是分时段采集“皇木”，清朝则如征皇粮，按年份集集“皇木”。清雍正五年(1727年)，贵州巡抚张广泗在锦屏王寨设弹压局，武装征收木材流通税；雍正七年(1729年)在卦治、王寨、茅坪三寨正式设立木市，管理清水江一带的木政，史称“内三江”，和天柱清浪、岔处、三门塘等“外三江”，演绎了200多年的“当江”“争江”斗争，直至御状惊动嘉庆皇帝。

嘉庆二年（1797年）春，在卦治村老码头对岸立的《奕世永遵》，将历史隽刻在江边巨石上。曾经见证木商文化繁盛的卦治村，在侗语中的含意就是“订立契约的地方”，至今文斗的一处山坳仍叫“皇木坳”。

二、民商云集，“三帮”“五勷”“十八帮”

锦屏文书，穿越五百年的木商文化遗产。

从明朝开始，锦屏成为朝廷兴修皇宫圣殿广征“皇木”之地。同时，“民木商”也逐步兴起，吸引本地大量的侗、苗族人民和来自江南、华东等地的汉族人民。锦屏“皇木”“民木”贸易兴起，木材贸易空前繁荣。

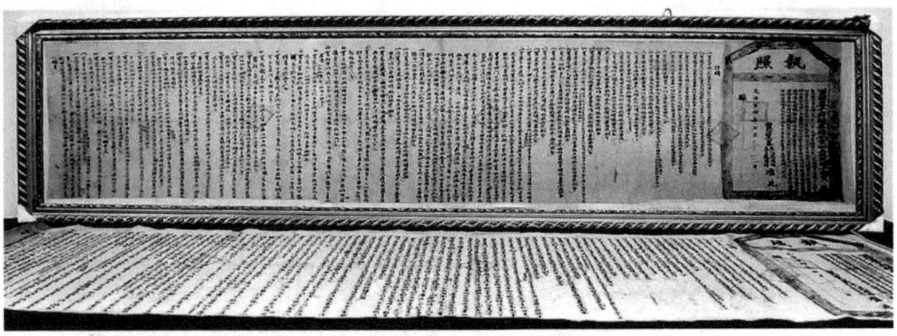

最长锦屏文书，镇馆之宝，长2.08米，清黎平府颁发的林业执照（单洪根 摄）

明末清初，最早来清水江经商的是安徽的徽帮、江西的临帮、陕西的西帮，号称“三帮”，他们都是一些特殊的商人。明初“皇木”是委托官员采集，后来委托民商采办。“三帮”正是采办“皇木”的官商，其中徽帮最盛，在万历年间就开始采办“皇木”。

五勷，是贵州天柱与湖南芷江、黔阳等地木商的合称，主要是来自湖南的常德、德山、河佛、洪江、托口的商帮，勷字取其互相合作之意。五勷在空间距离上，离锦屏三江最近。

十八帮，一般都是远方的水客，主要是汉口帮、汉阳帮、大冶帮、黄冈帮、长沙帮、益阳帮、常州帮、宿松帮、闵帮、金帮、寿帮、花帮等。其中武汉大冶的花帮，中日甲午战争后，充当三井、三菱等东洋公司的买办，携日商无息巨资到三江抢购木材，并为日商倾销洋棉洋布，对我国民族工商业进行挤压。

三、一江木植向东流，滔滔直到鹦鹉州

这是流行在当时的两句歌谣，鹦鹉州在武汉，为全国木材中心市场。

清水江茅坪，木排满江（单洪根 摄）

清乾隆年间，贵州巡抚爱必达在《黔南识略·黎平府》一书中说，“郡内（黎平府内）自清江以下，至茅坪二百里，两岸翼云承日，无隙土，无漏阴，栋梁宗桷之材，靡不备具。坎坎伐木之声，铿訇空谷，商贾络绎于道，编巨筏放之大江，转运于江淮间者”，好一派“一江木植向东流”的壮观。

内三江“当江”。卦治、王寨、茅坪实为锦屏的三个村寨，因清水江下游贯穿而过，史称“内三江”。 雍正七年(1729 年)，贵州巡抚张广泗在卦治、王寨、茅坪三寨正式设立木市，统一管理清水江一带的木政。当江，相当于官方批准设立的市场。

外三江“争江”。清水江以下，依次是天柱清浪、坌处、三门塘三个村寨，史称“外三江”。贵州巡抚张广泗在雍正年间设下江规，外三江禁止木材交易，住户只能充当主家，带外地木商入内三江采购木材，收取一定的佣金。外三江不服，与内三江打了 200 多年的官司，一直打到嘉庆皇帝那，礼部作出判决，维持原有江规，外三江败诉。

从托口到洪江。托口是清水江入湘后的第一站，为扎排之坞，停排放排之地。托口源自飞公杨再思下巴被削掉仍然托着嘴巴与敌战斗的传说。托口木材沿沅江下行百里，到达洪江古商城。

从常德到鹦鹉州。从清水江、沅江滚滚而来的木材，由常德流

入八百里洞庭，再出洞庭入长江，到达武汉鹦鹉州，从鹦鹉州销往全国各地。鹦鹉州本为汉阳江边的沙州，唐代诗人崔颢有“晴川历历汉阳树，芳草萋萋鹦鹉洲”的诗句，没想到千年之后竟变成了“清江木材汉阳集，木商云集鹦鹉州”。

四、锦屏文书，林业生产要素的契约文化

锦屏文书，是木材生产贸易中伴随的林业契约。

明清时期，朝廷到锦屏广征“皇木”，带动了“民间木商”大量涌入锦屏，“皇木”“民木”贸易繁荣。拉动刺激人工造林业的兴起，并日益繁荣兴旺。相应地，产生了大量的山场、林木、田土、房屋等买卖、租佃、典当的契约，这些林业契约，就是现在称作的锦屏文书。

“锦屏文书”的种类多，内容丰富。从载体形式上分有石碑、兽骨、竹木、布、纸等；从功用来分有生活、生产与经营记录等；从记录的形式上分有文字、音像与实物等；从具体内容上分则更是丰富多彩，有山林、田、地、房屋、宅基地、水塘、菜园权属买卖契等。

锦屏文书主要包括林契和田契两大类，从已收集的契约来看，两者之和占锦屏文书总量的百分之八十左右，另外，还有官府文告、札委印信、保甲户牌、完粮执照、判决、诉讼文书、分家契、家谱、账薄等，内容非常广泛。

每一件锦屏文书，都是一个传奇，都记录了一段历史。清水江五百年宏阔的开发史，就是依托遗存至今的数十万件锦屏文书，得以传承和再现。

五、古碑文化，林业契约文化的高级形式

锦屏文书，主要是林业契约的反映。碑牌作为林业契约中的一种，还有比一般契约更好的效果，如影响大，时效长，不易伪造，社会监督，

因此，一些重大事件多采用石碑雕刻，永世保存。

（1）奕世永遵碑：徽、临、西三帮协同主家公议，此界碑以上，永为山贩湾泊木植，下河买客不得停排。谨为永遵，毋得紊占。嘉庆二年季春月旦立。

此碑刻于卦治对面高向隆起的一块大江岩上，正文仅 40 字，却规范了三大木业群体在木材运输、停泊、交易中的范围。三帮，即安徽徽帮、江西临帮、陕西西帮。三帮势力雄厚，身份特殊，身为官商，腰缠“朝银”，经营“皇木”，也兼顾经营民木。

（2）茅坪王寨卦治三江碑：…照得黔省黎平府地处深山，山产木植，历系附近黑苗陆续采取，运至茅坪、王寨、卦治三处地方交易。…自康熙、雍正年间，即已勘断，禁示已成铁案。嘉庆六年辛酉十二月二十七日。

此碑原立于卦治，碑文载于《黎平府志》，此碑勘定了清水江茅坪、王寨、卦治三寨（史称三江）作为木材交易中心的地位由来。此碑文乃是判决文书，原来内三江和外三江“争江”200 多年，惊动嘉庆皇帝，兵部侍郎兼都察院右附都御使巡检贵州时，督促地方提督案务所下的判词文书。

（3）河口木材贸易碑：…窃惟江河有埠，交易有行，故设立王寨三江，所以公利而便于国上河山客不能冲江出卖，下河木商不能越江争买，向例严禁，谁敢故犯？…至各山贩木植到江，所有售卖之价，务须报局纳课，不得短报数目 · 倘敢不遵，一经查出或告发，定即提案重惩不贷其各凛遵毋违，特示右谕通知，光绪二十二年五月三十日示。

此碑今存于锦屏县河口乡瑶光村坡脚，碑文是钦加盐运使衔补用道特授黎平府正堂僧额巴图纪录十次俞词。碑文明确了三件大事，一是木材交易只能在三江进行；二是山客与水客之间不可直接交易，必须经当地木行作为中介方可成交；三是要报课纳税。

(4) 永定江规碑：…今酌判：高柳、鬼鹅二处共二百四十户，着分为六股，鬼鹅运一年后，高柳接运两年，周而复始，永定章程；所有本年客木，即着鬼鹅先放，嗣后不得恃强紊乱，再滋事端，违者从重究治，着取具而造遵结并中证遵结备案。此判。嘉庆十年闰三月二十七日。

高柳村口，永定江规碑

此碑现存于锦屏县铜鼓镇高柳村下寨寨口，为黎平府加三级记录五次周关于亮江流域鬼鹅、高柳两寨寨民争夺运排江利的判词。

六、锦屏文书，早期资本主义的活化石

从明代中期到清乾隆时期，清水江流域的锦屏、天柱及剑河东部、黎平北部等中下游地区，形成了一种较为成熟、在我国西南少数民族地区乃至世界林业史上堪称独特的林业生产关系，产生了大量的山林植造、佃山造林、山林管护、木材买卖、木材水运、人工拖运等活动，这种以资本为后盾，按林业生产要素组织起来的生产活动，明显与苗侗人民千百年来的“自耕而食、自织而衣”的生产方式不同，是资本主义生产关系的萌芽。

明代中后期，江浙地区出现资本主义萌芽，商业资本异常活跃。在陆上交通不畅的条件下，商业资本一般都沿着大江大河寻找投资和发展的市场。清水江中下游地区出产优质木材，成为明清两朝征集“皇木”之地。伺机而动的江浙等地木商。纷纷携巨资溯江而上，通过清水江转运江浙地区贩卖，清水江流域木材贸易由是兴起。这种商业资本的运作模式，是黔东南早期资本主义的活化石。

锦屏文书研讨会（黔东南州林业局供图）

特别值得一提的是，当年贵州巡抚张广泗立下江规，禁止买家和卖家私下交易木材，木材交易必须经过内三江的木行进行，这完全摆脱了小农经济的贸易形式，首创商品经济的现代贸易方式。

附录二　洪油史话，世界列强的香饽饽油漆

还有比杉木走得更远的一种东西，即桐油。

油桐树，原产于我国，生长于江南，盛产湘西南、黔东南及云南大部，栽培历史悠久，一千多年前的唐代即有记载。元代经意大利人马可波罗介绍，桐油就逐渐远传海外。

就是这种桐油，在过去几百年的岁月中，在人们的不经意之间竟创造出了一个离奇的神话，造成了一个产业的兴盛和发展，带来了一方经济的活跃和富有，造就了一个古洪州商城的崛起。这就是享誉国内外，深受江浙客商青睐，远销欧美等国家，在洪江经过加工后的桐油，又名“洪油”。

一、偶然巧合，成就了洪油传奇

洪油，来自秀油的技术改良。

秀油。清咸丰年间，四川秀山有座油榨房不慎失火，存放的桐籽被烧得焦黑。这些被火烧的桐籽，弃之可惜，倒不如将其熬制成油。谁知歪打正着，其熬制出来的油品色泽黄黑，气味芬香，运到常德、武汉等地销售，当地船民们用其来作船蓬涂料，能防止雨水渗透，颇受欢迎。从此批量生产，起名为“秀油”。

洪油。时有洪江商人深入四川秀山，学习秀油制作技术，回洪江后又锐意创新，大胆试验，将籽油（类似秀油）与洗油（榨过籽油的枯饼，与桐油混和二次榨油）按 45 : 55 的比例混合，熬炼制成一种新的油品，便起名叫“洪油”，其效果据说是普通桐油的 5 倍，成为久盛不衰的名优特产（嵩云樵子，2011）。

清同治三年（1864 年），洪江首富张吉昌创建了洪江第一家油号，陆续有不少有实力的大户加入进来，形成了集收购、榨炼、制作、包装、运销为一体的格局，洪油与鸦片、木材一起，成为洪江三大支柱产业，并居于首位。据《中国实业志》记载：“鼎盛时期，同业（洪

洪江古商城，刘同庆油号（博华梅供图）

油业）有十六七家之多，运出桐油（洪油）年二十万担以上，值七百余万元银元。”

洪油业的兴盛，带动了为之服务的圆桶、裱糊业的发展。昔日的洪油包装，皆以木桶、篾篓为容器。用皮纸内外裱糊密封，轻韧相济，防跌防撞，可免渗漏。因洪油每年输出达二十万担之多，故油篓编织裱糊业发达，从业人员众多，容纳了不少劳动者就业。

二、洪油基地，主要在清水江和沅江流域

洪江商人在加工改良中发现，沅水一路北去，越往北气温越低，桐油加工容易凝结，影响油品质。而往南清水江流域的桐籽加工的桐油，可以抗凝结，油品质量较高。

加工洪油的桐籽，主要来自湘黔边区的六龙、江市、托口、广坪、连山、朗江、远口、青溪、下司等地，其中清水江流域是个重点。为降低成本，洪江油商分别在各地设置加工厂。民国三十年（1942年），锦屏王寨先后出现了以阮开士为代表的 11 家桐油作坊。从此，在锦屏县初步行成了桐树种植、桐籽收购到榨油、包装直至运销的一条桐油产业链（单洪根，2008）。

洪江古商城，洪油作坊（吴昊供图）

植桐与植杉相比，植桐受益周期短，收效快。锦屏当时流传着一首植桐歌谣说：“一年一根杆，二年撑把伞，三年可挂果，四年当老板。”

民国二十年（1933年）12月28日，锦屏县长通告全县，强令各区乡种植桐树、漆树20万棵。告示文头如下：“查二十一年份应遵令造林二十万株，又各项林木惟桐、漆容易生效，决定一律播种。”（单洪根，2008）

民国二十九年（1940年）8月30日，贵州省农业改进所和植桐推广专员办事处的呈报文，拟定全省植桐计划及学员培训事宜。呈报文曰：“查本所为增进战时生产，换取外汇起见，特拟具贵州省油桐生产计划，业经呈送核示在案。为推广此项植桐事宜，拟开办植桐培训班，招收学员40名。予以两个月之训练，分发各县办理业务。”（单洪根，2008）

从民国二十九年至三十三年（1940~1943年）五年统计看，锦屏共栽植油桐8918亩，467144株，其桐籽产量约100万斤，除少量自用外，约有70多万斤被政府或商人收购（单洪根，2008）。

其他县油桐种植情况也不错。天柱县民国三十四年（1945年），全县有油桐7860亩，年产桐油157200公斤。剑河县民国十五年（1936年）产桐籽580万斤。凯里（当时炉山县）民国二十九年（1940年）桐籽销量78万斤，五倍子销量156万斤。岑巩县民国三十八年（1949年）六个公有林场有桐茶19600亩，1993700株（单洪根，2008）。

三、洪江洪油，走俏江浙远销欧美

洪油，源自桐油而胜于桐油的神话。

洪油防腐、防蛀性能卓越，其效果据说是一般桐油的5倍，是木房、家俱、农具、船舶等器具的优良涂料，特别是涂油在船舶上，可免青苔、丝草、海藻等水族生物侵蚀。洪油，是当时油漆中的王者，是中国乃至全世界的香饽饽。

洪油文化，展示馆（吴昊供图）

贵州凯里、锦屏、铜仁、镇远、青溪及湘西南桐油，沿清水江、舞水、巫水、渠水汇聚洪江，在洪江加工提练，制成商品洪油，再沿沅江入洞庭，沿长江进入江浙，走俏在东南沿海市场。为使桐油购销其畅，洪江油商先后在镇江、上海、杭州、福州、惠州等地屯油设庄，抑扬油价，以趋其利。

当时沅江至洞庭湖流域，最高最大的船舶不是商船和客船，而是洪江油船。对此，我国著名的作家沈从文先生，对沅江流域巨无霸的“洪江油船”，有过专门论述：“在沅水流域行驰，表现得富丽堂皇，气象不凡，可称为巨无霸的船只，应当数‘洪江油船’。这种船多方头高尾，颜色鲜明，间或且有一点金漆装饰。尾梢舵楼，可以安置家眷。大船下行可载三四千桶桐油，上行可载两千件棉花，或一票食盐。用橹手二十六人到四十人，用纤手三十人到六七十人。必待春水发后方上下行驶，路线系往返常德和洪江。”（单洪根，2008）

随着欧洲航海事业的发展，轮船数目激增，很多难题还得要洪油来解决。欧洲人发现，中国的洪油远远胜过他们用亚麻籽制作出的油漆，轮船涂上洪油不但不会生锈，更重要的是不会生虫，海螺、蚌壳等不会再粘满船底，影响航运。据资料记载，18 世纪，洪油超过丝绸成为第一大出口商品。

民国时期，洪油仍是出口的大宗商品。据汉口《商品检验丛刊》载：“洪江集中之洪油，年约 14 万桶 ……，省内极少销用，即全数运常德、岳阳等地出口，再由汉口转销江等埠。”民国十九至二十二年（1930~1933 年）汉口检验局的《检验统计表》载：外销洪油民国十九年为 70714 担，民国二十年为 65054 担，民国二十一年为 48767 担，民国二十二年为 64488 担（傅俊波，2007）。

四、别了吧，飘逝的洪油

昔日洪江，西南商业的大都会。

洪江古商城，源于春秋，鼎盛于明清。古洪江以洪油、木材、鸦片三大产业为支撑，以其“扼西南之咽喉而控七省”的水运地位，商贾云集，烟火万家，盛极一时，是西南商业的大都会。古商城至今依旧保存了 18 家报馆、23 家钱庄、34 所学堂、48 个戏台、60 余家烟馆、上百个店铺、近千家作坊，以及数不胜数的宫、殿、院、庵、堂。

洪江，曾经著名的常德会馆（博华梅供图）

新中国成立后，洪江油商响应政府号召，出资筹建“洪江公私合营植物油制炼股份有限公司”，是国家“一五”建设时期计划项目之一。1951 年 11 月 19 日，由中央人民政府政务院财政经济委员会主任陈云亲自签发营业执照。新公司改良技术，日加工桐籽达 2000 公斤，日产洪油达 500 公斤，依然畅销东南沿海。洪油产业再现强劲势头。

但是，要重现往日的辉煌，简直就是个梦想。特别是工业革命的大潮兴起，化学油漆的发展日新月异，洪油产业日趋没落，最终退出历史舞台，让无数人扼腕叹息。千帆过尽，浮华成烟，历史就是这样无情。

别了吧，飘逝的洪油，还有那曾经的荣耀！

主要参考文献

1.[法]布留尔著.原始思维.商务印书馆,1981.

2.[英]泰勒著.原始文化.上海文艺出版社出版,1992.

3. 陈梦家.高禖郊社祖庙通考.清华学报,1937.12(03).

4. 陈西平.试论树木文化中的生殖崇拜.农史与农业文化研究,2012.

5. 陈应发.哲理侗文化.中国林业出版社,2012.

6. 单洪根.木材时代.中国林业出版社,2008.

7. 邓帮云.解"禁"兼论树木的生殖崇拜.西南大学学报,2008.

8. 耿生茂.原生态黔东南.贵州人民出版社,2008.

9. 胡卫东,吴大华.黔东南苗族树崇拜调查与研究.原生态民族文化学刊,2011(1).

10. 顾扑光.关于"撮泰吉"研究的几个问题.贵州彝学,1989.

11. 范文澜.中国通史简编.人民出版社,1965.

12. 傅俊波.古韵洪江.中国文艺出版社,2007.

13. 关传友.竹生殖崇拜与竹文化.武陵君《新浪博客》,2013-11-11.

14. 郭沫若,释祖妣.甲骨文研究.上海大东书局,1931.

15. 何耀华.彝族的图腾与宗教起源.思想战线,981(6).

16. 姜述熙.瑶光苗寨的枫木文化.慧聪网论坛.2011-8-15.

17. 黎鸣.中国人为什么这么愚蠢.华龄出版社,2003.

18. 李国章.蚩尤氏在中华文明史上的杰出地位.丹寨蚩尤文化论文集,2012-12.

19. 李鹏臻.栽花树竹崇拜祭祀.2010年上海世博会·贵州官方网站,2009-12-25.

20. 李雪.贵州雷山3月多地举行13年一次的招龙节.多彩贵州印象网,2014-02-28.

21. 李廷贵,李国章.关于建立苗族枫树文化保护区的建议.网易博客,2007-12-14.

22. 李廷贵.略论苗族古代社会结构的三根支柱.贵州民族研究,1981(4).

23. 刘必强.苗岭山区雷公山麓苗族村寨.贵州民族出版社,2011-10.

24. 刘必强.神奇的节俗:黔东南民族传统节日.贵州民族出版社,2008-09.

25. 刘启仁 . 黔东南州林业志（1988~2010）. 中国林业出版社 ,2012 年 12 月 .
26. 罗曲 . 布依族的竹崇拜 . 西南民族学院学报 ,2000(11).
27. 罗义群 . 中国苗族巫术透视 . 中央民族学院出版社 ,1993.
28. 麻勇斌 . 苗族村寨选址的生态智慧与历史情结 . 中国民族建筑网 ,2012-02-29.
29. 蒙开科 , 张祖明 . 苗族草药快速接骨疗效论评 . 中国民族民间医药 ,2009(1).
30. 闵庆文 , 张丹 . 侗族禁忌文化的生态学解读 . 地理研究 ,2008(6).
31. 嵩云樵子 . 飘逝的洪油 . 怀化论坛 ,2011-7-31.
32. 曲镌 . 巴蜀地区的竹王神话与竹部族 . 文史杂志 ,2011(2).
33. 粟周榕 . 六洞九洞侗族村寨 . 贵州民族出版社 ,2011-10.
34. 田玉隆 . 炎黄蚩战前社会性质及战后影响初探 . 苗学研究 ,2008(2).
35. 王先扬 . 黔东南州森林公园简介 . 中国经济出版社 ,2011-12.
36. 翁家烈 . 论蚩尤 . 丹寨蚩尤文化论文集 ,2012-12.
37. 徐晓光 . 苗族罚三个 100 等习惯法在村寨社会的功能 . 山东大学学报 ,2005(3).
38. 杨保愿 . 侗族蜘蛛崇拜文化 . 民族艺术 ,1997(2) .
39. 杨琳 . 社之功用考述 . 文献 ,1999(4).
40. 游修龄 . 龙和稻文化 . 中国稻米 ,1994(2) .
41. 杨从明 . 苗族生态文化 . 贵州出版社 ,2009-12.
42. 杨宇明 . 竹迪拜探秘 . 竹子研究汇刊 ,2002(3).
43. 余宏模 . 夜郎竹王传说与彝族竹灵崇拜 . 贵州民族研究 , 2004(4) .
44. 余秋雨 . 我本是树 . 思维与智慧 ,2011(14).
45. 余达忠 . 侗族村落环境的文化认同 . 北京林业大学学报 (社会科学版),2010(3).
46. 张维军 . 岑巩木召村有古树 1000 余株 . 黔东南旅游网 ,2010-01-01.
47. 张维军 . 岑巩上家寨人均拥有一棵古树 . 黔东南新闻 ,2010-3-12.
48. 张泽洪 . 中国西南少数民族的竹王神话与竹崇拜 . 世界宗教研究 ,2012(3).
49. 赵沛霖 . 树木兴象的起源与社树崇拜 . 河北学刊 ,1984-06-29.
50. 朱和双 . 彝族民间宗教节祭中的交媾仪式 . 楚雄师范学院学报 ,2007(8).

后　记

黔东南苗族侗族自治州成立于1956年7月23日，境内山川秀丽，气候宜人，资源丰富，民族风情浓郁。全州辖16县（市）和1个省级经济开发区、1个循环经济工业区。全州土地面积3.03万平方公里，接近宝岛台湾，总人口446.91万人，接近新加坡，有苗、侗、汉、布依、水、瑶、壮、土家等33个民族，苗侗人口占全州人口总数的73.95%。黔东南自然生态环境优美，林木葱茏，古木参天，森林覆盖率达63.44%，接近日本。

黔东南，昔苗疆腹地，生苗的核心区，史称“化外之生苗”之地，与世隔绝的生活，形成了“文化孤岛”。黔东南森林资丰富，森林文化古朴。千百年来，森林是苗侗人民赖以生存发展的依靠，是苗侗人民的衣食父母，苗侗人民也将树木神化，树木成了各路神仙，如祖先树、保公树、保寨树、生命树、生殖树、社树、神仙树、龙脉树等，人们却膜拜在神的脚下。

本书立足于科普性、可读性、资料性的原则，从哲理的视角，探源黔东南苗侗地区的森林文化。全书三篇加附录，从森林资源、森林文化、森林哲学、森林历史等4个角度，突出介绍原生的森林文化、辉煌的森林历史，剖析森林文化形成机制，如原初本能、原始思维、原生价值、原始宗教等。

总而言之，这是一本能够把你带进多元视角、逻辑思考和理性探秘的书。该书犹如马王爷的眼睛，观察事物力求“入地三尺、入木三分”。该书对关注林业、森林文化、森林旅游、生态文化、生态文明的生态主义者，对爱好传统文化、民族文化、国学文化的爱国者，对热爱宗教哲学、古典哲学、森林哲学、自然哲学的学者，都能提供独特的视觉和有益的参考。

值得提出的是，本书在编著修改过程中，还得到了中国生态文化协会副会长汪绚，国家林业局退耕还林（草）工程管理办公室主任周鸿升，国家林业局信息化管理办公室主任李世东，中国花卉协会秘书长刘红，国际竹藤中心常务副主任费本华，国家林业局宣传办副主任樊喜斌，中国林业科学研究院林业科技信息研究所所长陈绍志，国家林业局发展规划与资金管理司处长陈嘉文，黔东南苗族侗族自治州州委常委、副州长许新桥，州人大副主任莫章海，副州长潘亮，州政协副主席邓锦光，州文化局副局长李文明，州民族文化研究所长雷秀武，浙江省安吉县林业局长杨国荣等领导和专家的大力支持，国家林业局经济发展研究中心张英豪硕士从文学、艺术的角度，对本书的升华做出了较大贡献；黔东南苗族侗族自治州原州政府巡视员单洪根为本书撰写了热情洋溢的序言，州林业局局长李吉科组织确定了本书的提纲、编写、资料、专家论证等环节，州林业局及解放军66483部队有关人员积极参予，确保了本书的顺利出版。但由于编写时间仓促，加之水平有限，错漏之处在处难免，望广大读者见谅。

本书编写组

2014年6月20日